Schriften

des

Vereins für Sozialpolitik.

Deutsche
Zahlungsbilanz und Stabilisierungsfrage.

Im Auftrage des Vereins
veranstaltet von
Karl Diehl und Felix Somary.

165. Band.

Geschichte der Stabilisierungsversuche.

Herausgegeben von Melchior Palyi.

Zweiter Teil.

Pläne und Versuche zur Währungssanierung.

Verlag von Duncker & Humblot.
München und Leipzig 1923.

Pläne und Versuche zur Währungssanierung.

Mit Beiträgen

von

Ernst Wilmersdörffer, Richard Kiliani, F. Gaertner,
E. Pharmakides und Martha Braun.

Verlag von Duncker & Humblot.
München und Leipzig 1923.

Altenburg
Piererſche Hofbuchdruckerei
Stephan Geibel & Co.

Inhaltsübersicht.

Währungsverfall und Währungsreform in Italien.

(Von 1866 bis 1910.)

Von

Dr. Ernst Wilmersdoerffer,

Rechtsanwalt in München.

Literaturverzeichnis.

Relazione della commissione parlamentare d' inchiesta sul corso forzoso dei biglietti di banca. Firenze 1868.

Minghetti e Finali, Relazione sulla circolazione cartacea. Roma 1875.

Canovai, The Banks of Issue in Italy. Washington 1910.

Ferraris, C. F., Banken in Italien, Hdw. d. Staatswissenschaften, 3. Aufl., II, S. 463 ff.

Frauz, E., Die Verfassung der staatl. Zahlungsmittel des Kgr. Italien seit 1861. Straßburg 1911.

Lémonon, E., L'Italie économique et sociale (1861—1912). Paris 1913.

Wilmersdoerffer, Ernst, Notenbanken und Papiergeld im Kgr. Italien seit 1861, Stuttgart 1913, und die in dieser Arbeit, S. XIff., zitierten italienischen Dokumente und Schriften.

C. Fochier, La circulation fiduciaire et les crises de change en Italie et en Espagne, in „Questions monétaires contemporaines", Paris 1905.

E. Thèry, Situation économique et financière de l'Italie, Paris 1903.

I.
Ursache und Verlauf des Währungsverfalls.

Im Gegensatz zur deutschen Einheitsbewegung ist die nationale Einigung Italiens ein rein politischer Vorgang gewesen. Unvermittelt standen im Jahre 1861 nach dem wesentlichen Abschluß der Einigungsbewegung wirtschaftlich fortgeschrittene Gebiete Oberitaliens neben den durchaus rückständigen Ländern des Südens. Die Entwicklung von Landwirtschaft, Industrie und Handel steckte insbesondere im Süden noch nahezu im Mittelalter; ein modernes Kreditwesen war dem ganzen Lande völlig fremd. Mangelnde wirtschaftliche Organisation sollte schon in den ersten Jahren des neuen Königreiches politische Großmachtsaspirationen tragen.

Die Währung war mit dem Anschluß an die lateinische Münzunion auf einheitliche Metallbasis (Doppelwährung) gestellt worden. Aber eine passive Zahlungsbilanz, verstärkt durch Rückfluß italienischer Staatspapiere, die bei sinkendem Kurs auf ausländischen Märkten angeboten waren, brachte das Metallgeld zum Abfluß in die Unionstaaten, insbesondere nach Frankreich und der Schweiz. Der Krieg mit Österreich, der gemeinsam mit Preußen im Frühjahr 1866 zur Befreiung Venetiens durchgeführt wurde, zehrte die letzten, dem Staate noch aus Anleihen zur Verfügung stehenden Mittel auf. Das Land vermochte neue lang- oder kurzfristige Anleihen nicht mehr aufzunehmen. Für den außerordentlichen Kriegsbedarf mußte zur Notenpresse gegriffen werden. Es sei darauf verwiesen, daß im Jahre 1865 allein 747 Millionen L. konsolidierte und 950 Millionen L. kurzfristige Anleihen ausgegeben wurden, um klar zu machen, daß der Zwangskurs, wie der damalige Finanzminister Scialoja sagte, eine harte Notwendigkeit, nicht ein freiwilliges Geschäft gewesen ist. Mit königlicher Verordnung vom 1. Mai 1866 wurde die Regierung ermächtigt, von der größten Notenbank des Landes, der Banca Nazionale del Regno, eine Anleihe von 250 Millionen Lire zu 1½ % Zins aufzunehmen. Die Anleihe war in Noten zahlbar. Bei einer Barreserve von 96 Millionen Lire und einem Notenumlauf von 200 Millionen Lire war die Erklärung der Uneinlösbarkeit der Noten unvermeidlich; das notwendige Äquivalent der Anleihe war die Einführung des Zwangskurses.

Interessant ist die Durchführung des Zwangskurses bei der vorhandenen Mehrheit von Notenbanken. Den übrigen 5 kleinen Notenbanken des Landes wurde zwar für ihre Noten der Annahmezwang im Verkehr gewährt, dagegen nicht die Uneinlösbarkeit. Sie waren verpflichtet, ihre Noten in solche der Nationalbank einzulösen. Ihre Goldreserve wurde zu 2/3 immobilisiert und insoweit durch Noten der Nationalbank ersetzt.

Die Folgen der Papierwährung waren in Italien die gleichen wie allenthalben.

Zwei eingehende Enqueten haben sich mit diesen Folgeerscheinungen auseinandergesetzt: im Handel: Unsicherheit durch die Schwankungen der Währung; in der Industrie: zunächst die auch bei uns zutage getretene Schutzzollwirkung, die aber durch die mangelhafte Vorausberechenbarkeit ihrer Vorteile rasch wieder an Wirkung verlor; im Kreditwesen: die Abneigung des Auslandes, Kapital zur Verfügung des Inlandes zu stellen, die Neigung des Inlandes, flüssige Mittel trotz des höheren inländischen Zinsfußes im Ausland anzulegen und dadurch eine Schwächung der Kreditbasis herbeizuführen.

Im Vergleich zur jetzigen Nachkriegszeit war die Geldentwertung, welche im Laufe der Jahre 1866 bis 1881 eintrat, gering. Sie schwankte nach der Zahlungsbilanz und nach den politischen Verhältnissen zwischen 1 und 20%. Dennoch wurde von allem Anfang an die Papierwährung als ein schwerer Notstand empfunden und an ihrer Beseitigung gearbeitet. In den Jahren 1866 bis 1870 vermied man daher auf das sorgfältigste eine Vermehrung des metallisch ungedeckten Notenumlaufes und arbeitete trotz des immer mehr anschwellenden Defizits im staatlichen Haushalt an der theoretischen Vorbereitung der Währungsreform.

II.
Die Reformpläne und Reformen von 1870—1880.

Der erste großzügige Sanierungsplan stammt von Quintino Sella, dem größten Finanzminister des modernen Italien. Sella hat in seiner mehrjährigen Amtsperiode sich unermüdlich bestrebt, das Staatsdefizit zu beseitigen. Es ist ihm im wesentlichen gelungen, freilich mit Anspannung aller Kräfte, zunächst durch Einführung der Mahlsteuer, sodann auch durch strikte Durchführung und Vorerhebung der direkten Steuern.

Sein Gedanke über die Beseitigung des Zwangskurses war richtig. Aktive Zahlungsbilanz und Gleichgewicht im Finanzhaushalt erschienen ihm als die notwendige Voraussetzung der Wiedereinführung der Metallwährung; als Vorbedingung hierfür wiederum betrachtete er eine Entlastung des Kreditmarktes durch Vermeidung von neuen Anleihen und eine möglichste Hebung der Produktivität. Der Gedankengang war der: Die Papierwährung ist eine Folgeerscheinung wirtschaftlicher und finanzieller Schwäche. Es kann wohl die Notenschuld in eine Rentenschuld konsolidiert werden; aber vor dieser Konsolidierung muß eine neue Inanspruchnahme der Notenpresse völlig ausgeschlossen sein.

Daher sollte zunächst Ordnung im Staatshaushalt geschaffen werden, indem man die Notenschuld verringerte und damit eine neue Rentenschuldenaufnahme vermied. Nach Beseitigung des staatlichen Defizits und Aktivierung der Zahlungsbilanz sollte dann eine Umwandlung der schwebenden Schuld in eine konsolidierte Anleihe erfolgen. In praktischer Durchführung dieses Gedankens wurde zunächst die Notenschuld bei der Nationalbank auf 500 Millionen Lire erhöht, gegen gleichzeitige Herabsetzung des Zinsfußes dieser schwebenden Schuld auf 0,8%. Die Notenschuld sollte getilgt werden, indem man der Bank einen Betrag von 588 Millionen der anläßlich der Säkularisierung der Kirchengüter emittierten Obligationen übergab, welche zu 85% verkauft werden sollten. Die Noten, die dafür eingingen, sollten annulliert und somit die Notenschuld des Staates allmählich beseitigt werden.

Die politischen und wirtschaftlichen Ereignisse jedoch durchkreuzten diesen Plan. Für den Feldzug gegen den Kirchenstaat im Jahre 1870 war bereits wieder eine Neuaufnahme von 50 Millionen, für Deckung des Defizits von 1871 von 150 Millionen in Noten erforderlich, wofür ein Depot von Staatsrente zum Kurse von 70% bei einer Verzinsung der Notenschuld von 0,6% vereinbart wurde.

Den Gedanke Sellas indes ließ man auch weiterhin nicht aus den Augen. Seine Durchführung stieß aber auf Schwierigkeiten theoretischer und politischer Natur. Der auch in Deutschland in jenen Jahren geführte Kampf zwischen den Anhängern der freien Notenausgabe und des Banknotenmonopols verband sich in Italien mit dem Kampfe um den regional-provinziellen Fortbestand der früheren Einzelstaaten gegenüber dem Zentralisationsprinzip.

Die Vormachtstellung der Banca Nazionale gegenüber den anderen Notenbanken ist der Mehrzahl der Politiker wie Theoretiker unerwünscht gewesen. Dezentralisierung der Notenausgaben und das Prinzip der Trennung der Staatsnote von der für Wirtschaftszwecke gegen Wechsel ausgegebenen Note sollten miteinander vereint werden.

Die Lösung versuchte das Gesetz vom 30. April 1874. Es wurde ein Konsortium der sechs Notenbanken geschaffen, welche die Staatsnoten von der Nationalbank übernahmen. Die Stückelung der Staatsnoten wurde auf die kleinen Werte begrenzt, den Banknoten die großen Werte überlassen. Mit Zwangskurs waren in der Folge nur mehr die Konsortialnoten ausgestattet; die Banknoten sollten in Konsortialnoten oder in Metall einlösbar sein. Gleichzeitig wurde, was vorher versagt war, die Klagbarkeit der Forderungen in Gold und Silber wieder hergestellt. Die Menge der Konsortialnoten wurde auf eine Milliarde Lire begrenzt.

Der Gedanke einer Trennung des regulären Notenkredits zu produktiven Zwecken von den Staatsnoten, vor allem propagiert von dem namhaften Schriftsteller Ferrara, war prinzipiell richtig. Anderseits hat Sella betont, daß das System zu kompliziert und auf die Dauer eine reinliche Scheidung der Staatsnoten von den Banknoten nicht durchzuführen sei.

Der Hauptvorteil des Gesetzes von 1874 war die endgültige Begrenzung des Notenumlaufes für Rechnung des Staats. Diese Grenze wurde nicht mehr überschritten. Das Konsortialgesetz war nur sechs Jahre in Kraft, es kann daher über eine längere Wirkungsperiode nicht berichtet werden. Insbesondere kann, da in den folgenden Jahren das Goldagio immer geringer wurde und eine übermäßige Vermehrung der Banknoten nicht eintrat, kein Urteil darüber abgegeben werden, ob die Trennung der beiden Notentypen auf die Dauer sich hätte durchhalten lassen.

III.

Die Reform von 1881.

Das Jahr 1876 brachte eine weittragende innerpolitische Veränderung in Italien. Während bis zu diesem Zeitpunkt die Rechtsparteien, die Anhänger Cavours mit kurzen Unterbrechungen in Italien regiert hatten, kam nunmehr zum erstenmal die parlamentarische Linke zur Regierung. Die bisherige Opposition hatte als ihren wirtschaftlichen Hauptprogrammpunkt die Abschaffung der Mahlsteuer und des

Zwangskurses proklamiert und war nun genötigt, diese Programmpunkte sobald als möglich zu verwirklichen.

Die Frage war nur, ob man die Konsortialnoten mit einem Schlag oder erst allmählich beseitigen könne. Zunächst hielt das neue Ministerium unter Depretis an der bisherigen Politik fest; es sollten die Konsortialnoten durch budgetmäßige Überschüsse allmählich getilgt werden. Gleichzeitig sollte eine Notenbankreform die Beseitigung des Zwangskurses vorbereiten. Daß diese Notenbankreform auf der alten Quantitätstheorie aufgebaut war, machte sie der wissenschaftlichen Kritik unannehmbar. Sie wurde daher fallen gelassen. Um so stürmischer verbreitete sich nunmehr der Ruf nach der Beseitigung des Zwangskurses, gestützt durch eine tatsächlich eingetretene wesentliche Verbesserung der Wirtschaftslage des Landes. Diesem Ruf mußte die Regierung, die ja programmatisch auf die Abschaffung des Zwangskurses festgelegt war, folgen.

Am 15. November 1880 legte der Finanzminister Agostino Magliani der Kammer der Abgeordneten einen Gesetzentwurf vor, nach welchem mittels einer Goldanleihe 600 Millionen Konsortialnoten sofort getilgt und der Rest von 340 Millionen auf Konto des Staates, aber mit freier Einlösbarkeit in Metallmünzen, übernommen werden sollte. Die Motive des Gesetzentwurfes bejahten die finanzielle Durchführbarkeit des Projektes. Schon auf die Nachricht hin, daß der Zwangskurs beseitigt werden sollte, war das Goldagio rasch gesunken und der Kurs der Staatsrente gestiegen, so daß voraussichtlich eine Anleihe zu günstigem Kurs plaziert werden konnte. Wichtiger war die Frage, ob es gelingen werde, das im Ausland erworbene und in Umlauf gesetzte Bargeld auch im Land zu halten. Magliani gab auch in dieser Hinsicht günstige Aussichten. Er berief sich auf die steigende Produktivität, welche die jetzt noch passive Handelsbilanz rasch verbessern könne; er verwies ferner darauf, daß die in großen Summen eingehenden Spargelder der Ausgewanderten und der erhebliche Fremdenverkehr die passive Zahlungsbilanz verschwinden lassen würden.

Der Entwurf Magliani wurde mit überwältigender Mehrheit angenommen und am 7. April 1881 zum Gesetz erhoben. Das Gesetz bestimmte, daß mit dem 30. Juni 1881 das Konsortium der Notenbanken aufgelöst werde und alle seine Noten auf direkte Rechnung des Staates übergehen sollen. Von einem noch durch Verordnung zu bestimmenden Termin ab sollten die Konsortialnoten bei den Staatskassen in bar eingelöst werden, und zwar sollten die Noten unter 5 Lire und über 10 Lire ganz, die in der Stückelung von 5 Lire in Höhe von 105 Millionen Lire eingezogen werden, so daß von den 940 Millionen Konsortialnoten nur mehr 340 Millionen in Stückelungen von 5 und 10 Lire verblieben. Die Staatsnoten, die an Stelle der Konsortialnoten traten, sollten zwar gesetzliche Zahlungsmittel, aber einlösbar sein. Sie sollten durch ein Depot von Staatsrente bei einer staatlichen Kasse gedeckt und allmählich durch budgetmäßige Überschüsse beseitigt werden. Die Banknoten waren in bar einzulösen; der gesetzliche Annahmezwang für sie wurde als Übergangsmaßnahme aufrecht erhalten. Durch Abrechnungsstellen sollte der Barverkehr nach Möglichkeit beschränkt werden.

Die Summe von 600 Millionen Lire, welche zur Einziehung der Konsortialnoten benötigt war, und weitere 44 Millionen in Gold, die der Staat der Nationalbank außerdem schuldete, sollten durch Anleihe aufgebracht werden; der Zinsfuß dieser Anleihe sollte 5% nicht übersteigen.

Das Gesetz fand allgemeine Zustimmung. Widerspruch erregte zunächst nur, daß überhaupt noch Staatsnoten geschaffen wurden; man fand sich aber damit für eine Übergangsperiode ab.

Die Aufnahme der Anleihe machte zunächst erhebliche Schwierigkeiten, da die Firmen Rothschild und Erlanger in Paris, welche bisher die Anleihegeschäfte des italienischen Staates im wesentlichen besorgt hatten, sich aus politischen Gründen versagten. Es war die Zeit des Konfliktes mit Frankreich wegen der französischen Besetzung von Tunis, durch die sehr erhebliche politische Hoffnungen Italiens enttäuscht worden waren. Eine nicht unbedenkliche Kriegsstimmung in beiden Ländern verhinderte wirtschaftliche Hilfe Frankreichs für Italien. Daher mußte die italienische Nationalbank die ganzen Anleihegeschäfte übernehmen; sie verpflichtete sich durch Bildung eines Konsortiums mit ausländischen Banken bis September 1882 444 Millionen in Gold und 200 Millionen in Silber an den Staat abzuliefern.

Das Geschäft wurde in der Weise durchgeführt, daß zwei Konsortialgruppen gebildet wurden, eine englische, an deren Spitze die Firmen Baring Brothers und Hambro in London standen, und ein italienisch-französisches Syndikat unter Führung der Banque d'Escompte in Paris und der Società Generale di Credito Mobiliare Italiano in Florenz.

Das Konsortium erhielt 36487250 Lire Staatsrente mit Zinsgenuß ab 1. Januar 1882, also ein Kapital von 729.75 Millionen Lire; die Anleihe war somit zum Kurs von 88,26 % emittiert; damit hatten die italienischen Unterhändler einen erheblichen Erfolg erzielt.

Zunächst aber hatte das Konsortium große Schwierigkeiten, das Bargeld zu beschaffen. Der Endtermin für die Lieferung mußte daher auf 15. Februar 1883 verschoben werden. Durch die Bontouxkrisis war der französische Börsenmarkt stark erschüttert und eine volle Zeichnung der Anleihe sehr lange hintangehalten worden, bis schließlich italienische Bankiers den Rest übernahmen.

Die Goldkäufe wurden durch die beiden genannten Londoner Firmen im Verein mit italienischen Bankiers ausgeführt und zwar mit außerordentlicher Geschicklichkeit. In allen europäischen und außereuropäischen Ländern wurde auf dem freien Markt Gold gekauft, ohne daß irgendwo die erhebliche Goldausfuhr stark bemerkt wurde und zu Schutzmaßregeln Veranlassung gab. Beispielshalber sei angeführt: in Frankreich wurden 66 Millionen in Gold, in Amerika 65, Rußland 26 und in Deutschland 65 Millionen Lire gekauft. Von den Käufen in Deutschland waren 60 ausländischer Prägung, meist russische Goldrubel aus den Beständen, mittels deren die russische Regierung die Währung in Berlin regulierte.

Am 15. Februar 1883 war vereinbarungsgemäß alles Bargeld in Italien abgeliefert und damit die Einlösung der 544 Millionen Lire Staatsnoten garantiert.

Infolgedessen konnte am 1. März 1883 die königliche Verordnung erscheinen, welche die Wiederaufnahme der Barzahlungen verfügte. Die kleinen Noten von 50 Centimes, 1 und 2 Lire wurden an allen staatlichen Kassen sofort in bar eingelöst. Der Eintausch der Konsortialnoten von 5 Lire aufwärts wurde jedoch auf die Zentralstaatskasse in Rom und die staatlichen Kassen in 14 Städten des Landes beschränkt. Um die Barzahlungen langsamer in Gang zu bringen, war zunächst bei jeder Bareinlösung eine Faktura und eine Quittung auszustellen; für Summen von über 500000 Lire war eine vorherige Anmeldung, und zwar mindestens 24 Stunden vor dem Termin der Auszahlung, erforderlich. Die Banken hatten das Recht, die Einlösung ihrer Banknoten jeweils solange zu verschieben, bis die nötigen Barmittel an Ort und Stelle waren, aber auch nicht länger, als zur Übersendung des erforderlichen Goldes oder Silbers notwendig war. Den Direktoren der Banken wurde ausdrücklich auferlegt, möglichst nicht in Staatsnoten, dagegen zur Wahrung des Goldbestandes vor allem in Silber einzulösen.

Die Wiedereinführung der Bareinlösung wirkte zunächst außerordentlich günstig. Das Land schien einer großen Blüte entgegenzugehen. Die Handelsbilanz verbesserte sich, es entstanden allenthalben neue Gründungen, die Quellen des ausländischen Kredits öffneten sich dem Lande. Der Börsenkurs der Staatsrente stieg nahezu auf 100%; das ausländische in Italien angelegte Kapital wurde im Jahre 1884 auf etwa vier bis fünf Milliarden Lire geschätzt.

IV.

Der Abstieg (1884—1893).

Bald begannen jedoch neue Schwierigkeiten. Zunächst war das inländische Kreditwesen nicht in der Lage, der gesteigerten Produktion zu genügen; insbesondere fehlte den Notenbanken die Kraft, sich ihre Schuldner auswählen zu können und schwächeren Schuldnern den Kredit zu verweigern. Es fehlte an der Ergänzung der Notenbanken durch leistungsfähige Depositenbanken.

Dann aber zeigte sich von 1881 ab, daß die günstigen Vorausberechnungen für die Zahlungsbilanz unrichtig waren. Die italienische Handelsbilanz war schon vorher passiv gewesen; im internationalen Kreditverkehr zählte Italien zu den Schuldnerländern; die günstige Zahlungsbilanz wurde daher in erster Linie durch den Fremdenverkehr und die verhältnismäßig sehr großen Summen gestützt, welche die sparsamen italienischen Auswanderer in die Heimat sandten.

Wie für alle Schuldnerländer war aber auch für Italien die Handelsbilanz letzten Endes ausschlaggebend. Einen Ausfuhrüberschuß hatte Italien auch in den günstigsten Jahren um 1880 nicht erreicht. Immerhin war 1883 der Einfuhrüberschuß auf ca. 100 Millionen Lire herabgegangen. Da aber die industrielle Entwicklung noch recht schwach war und im wesentlichen zur Deckung des Inlandsbedarfes diente, so blieb der Export größtenteils auf die Landwirtschaft beschränkt. Es bedurfte fruchtbarer Jahre und glücklicher Konjunkturen, um das Gleichgewicht in der Handelsbilanz einigermaßen aufrecht erhalten zu können. An beiden hat es gefehlt. Zunächst kam 1884 eine Mißernte in Öl, Wein und Südfrüchten mit gleichzeitigen schweren Produktionsstockungen infolge der süditalienische Choleraepidemie. Sodann begann in den Jahren nach 1878 das aus den deutschen zollpolitischen Debatten bekannte gewaltige Eindrängen der amerikanischen Konkurrenz auf dem Getreidemarkt Europas, dessen Wirkungen Deutschland nur durch die rasche Umstellung zum Industrieland entging. Italien vermochte dies als wirtschaftlich schwaches, an industriellen Rohprodukten armes Land nicht. Die Seidenindustrie, damals noch die größte Industrie des Landes, litt unter der aufblühenden Konkurrenz Japans.

Durch diese Schwierigkeiten war die Handelsbilanz immer stärker passiv geworden. Dazu kam ein Stocken in der Zufuhr ausländischen Kapitals. Das Frühjahr 1885 brachte die afghanische Kriegsgefahr zwischen England und Rußland, die allgemein die zunächst mit längerer friedlicher Entwicklung rechnende Neigung zur Anlage von Kapital in ausländischen Werten beschränkte.

Aber auch die auswärtige Politik Italiens trug zur Erschütterung der Kreditzufuhr bei. Die Regierung begann Großmacht- und Kolonialpolitik zu treiben. Im Jahre 1883 wurden die vier damals größten Kriegsschiffe der Welt auf Stapel gelegt. Der demonstrative Anschluß Italiens an die Zentralmächte gleichzeitig mit der Besetzung von Massauah im Roten Meer zeigte insbesondere Frankreich, daß Italien im Falle eines Konfliktes kein sicheres Anlagegebiet für Kapitalien sein werde. Der italienische Kreditbedarf fand daher in Frankreich, auf seinem wichtigsten Markte, geschlossene Türen; die Staatsrenten fielen anfangs 1885 von 99,67 auf 93,41. Der Importüberschuß stieg von 100 Millionen im Jahre 1883 auf 248 Millionen im Jahre 1884 und 509 Millionen im Jahre 1885. In dem einzigen Jahre 1885 wurden dem Lande 124 Millionen Lire in Gold und Silber entzogen.

Diesem Ansturm war die Kreditorganisation nicht gewachsen. Die wenigen Depositenbanken hatten sich in den kurzen Jahren des Aufstieges bedeutend festgelegt. Es mußten daher die Notenbanken in die Bresche treten und den Firmen, welche im Ausland keinen Kredit mehr fanden, ihre Pforten öffnen. Spekulative Wechsel drangen ein, die Noten wurden vermehrt und zunächst, um die Drittelbedeckung einhalten zu können, die Staatsnoten in die Bardeckung einbezogen.

Das Jahr 1886 brachte zwar im Export eine Besserung; allein die Agrarkrisis, mitverursacht durch die rückständige Struktur der agrarischen Verhältnisse, dauerte fort. Die Notenmenge bei den Banken wuchs weiter, während die Deckung und Qualität der Wechsel sich verschlechterte.

Im Jahre 1887 kam ein neuer Sturm auf die staatlichen Finanzen. Die ersten Monate brachten den abessinischen Krieg mit der schweren

Niederlage von Dogali. Crispi, der neue Außenminister, schloß sich nunmehr enger an die Zentralmächte an, das Heer wurde weiter verstärkt, die Finanzen kamen immer bedenklicher aus dem Gleichgewicht. Die Einführung von Getreidezöllen zur Deckung des Defizits zeigte, wie groß die Gefahr geworden war. Der Kreditbedarf der Landwirtschaft wuchs, der der Industrie, besonders der neu geschaffenen Rüstungsindustrie, stieg an; am stärksten war der Kreditverbrauch der Bauindustrie, insbesondere in Rom und Turin, wo eine große Bautätigkeit sich an den neuen Aufschwung angeschlossen hatte. Die Immobilisierung der Notenbanken machte rasche Fortschritte. Besonders die Banca Romana, die vom Kirchenstaat übernommene römische Notenbank, war bereits 1887 so festgelegt, daß sie offen zugeben mußte, ihre Noten nicht mehr einlösen zu können; persönliche Einflüsse der Direktion jedoch verstanden ein Eingreifen der Regierung zu verhindern.

Im Oktober 1887 hatte die metallisch ungedeckte Notenmenge (nach dem Gesetz hatte die Bank die Pflicht, bis zur dreifachen Höhe des Kapitals Drittelдeckung, für weitere Beträge volle Metalldeckung zu halten) den Betrag von 166 Millionen Lire erreicht. Nunmehr griff die Regierung ein und erreichte durch Beschränkung der Kredite eine leichte Besserung.

Da begann im Jahre 1888 eine neue Schwierigkeit infolge der Handelspolitik der italienischen Regierung. Zur Stützung der Finanzen und zur Deckung des Defizits war man, wie bereits erwähnt, 1887 auf Rat von Magliani zum Schutzzoll übergegangen. Aber Frankreich weigerte sich, die dadurch notwendig gewordenen Handelsvertragsverhandlungen durchzuführen, um auf diese Weise Italien politisch zu drücken.

Am 1. März 1888 traten daher beiderseits die Maximaltarife in Kraft; der Geschädigte war, wie immer, der schwächere Partner: Italien. Zugleich begann in Frankreich der Krieg gegen die italienischen Wertpapiere; vor allem die Staatsrente wurde von den Franzosen abgestoßen. Der deutsche Markt, der einzugreifen versuchte, war nicht in der Lage, alles aufzunehmen, was auf dem französischen Markt angeboten wurde. Dabei ergab die Steigerung der Ausgaben und der Rückgang der Einnahmen durch den Konjunkturumschwung ein stark ansteigendes Defizit der Staatsfinanzen, das für 1888/89 auf 200 Millionen Lire beziffert werden mußte.

Bei der kritischen Lage der Außenpolitik Italiens war für Crispi keine Wahl. Die Möglichkeit eines Krieges der Zentralmächte mit Frankreich war durch den Zollkrieg zwischen Italien und Frankreich, wie durch die gleichzeitige deutsch-französische Spannung in bedrohliche Nähe gerückt. Crispi verlangte und erreichte daher von den Notenbanken ein Eingreifen. Nur Hilfe erfolgte aber auf Kosten ihrer eigenen Liquidität. Schon 1889 konnten die Noten nicht mehr bar eingelöst werden; kein gesetzlicher, aber ein tatsächlicher Zwangskurs war wiederum eingetreten.

Eine sofortige Finanz- und Bankreform hätte vielleicht zu diesem Zeitpunkt noch helfen können; allein der ersten standen politische Schwierigkeiten, der letzteren war die Uneinigkeit der Banken entgegen, die, statt sich zu unterstützen, durch rücksichtslose Vorlage von Noten zur Einlösung sich gegenseitig schwächten. So wurde im bisherigen Geleise weiter gefahren. Die Krisis hatte keine Reinigung im Gefolge, sondern aus politischen und privaten Gründen wurden alle schwachen Existenzen weitergeschleppt.

Die Wechselkurse überschritten nunmehr wieder den Goldpunkt. Wie in den 60er Jahren begann die Abwanderung der Münzen. Schon anfangs 1890 mußte die Einzahlung von Postanweisungen in Bank- und Staatsnoten verboten und die Ausfuhr von Münzen erschwert werden. Die Banken gaben auch die zunächst noch gegen Bestätigung der Handelskammer gewährte Bareinlösung auf, und am 9. Juni 1892 stellte ein Urteil des Turiner Obersten Gerichtshofes fest, daß die Bareinlösung tatsächlich unmöglich geworden sei und daher von rechtswegen nicht mehr verlangt werden könne.

Damit war das Werk von 1881 völlig gescheitert. Es zeigte sich, daß eine stabile Währung wohl mit großen Kosten geschaffen werden kann, auch wenn die wirtschaftliche Lage eines Landes nicht stabil ist, daß aber die Voraussetzung einer Dauer der Stabilität geordnete Staatsfinanzen und eine aktive Zahlungsbilanz sind. Eine Währungspolitik ohne Zusammenhang mit Finanz- und Wirtschaftspolitik ist von vornherein zum Scheitern verurteilt. Halbheiten und Kompromisse haben das Werk der Währungsreform von 1881 zugrunde gerichtet.

V.

Überblick über die Zeit von 1893 bis 1910.

Im Jahre 1893 brach das bisherige System der Notenbanken zusammen. Die Banca Romana, die ganze Serien von Noten doppelt ausgegeben hatte, um sich zur Deckung ihrer Schulden Kapital zu verschaffen, mußte liquidiert, die anderen Banken zum Teil zusammengelegt werden. Die nicht liquiden Posten wurden ausgeschieden und sollten allmählich getilgt werden.

Es war das Verdienst des ersten Ministeriums Giolitti, diese Reform endlich durchgeführt zu haben. Giolitti selbst fiel dem parlamentarischen Sturm wegen der Banca Romana zum Opfer. Die Bankreform allein war jedoch nicht imstande, den finanziellen Zusammenbruch zu verhindern. Der Zollkrieg mit Frankreich dauerte an; die Ausfuhr des Landes war weiter zurückgegangen; im Sommer 1893 hatte die systematische Hetze in Frankreich gegen Italien und Italiener zu einem furchtbaren Blutbad französischer Arbeiter an italienischen Kollegen in den Salinen von Aigues-Mortes geführt. Ein internationaler Konflikt drohte erneut. Gleichzeitig brach ein schwerer Aufstand in Sizilien aus. Infolge des Ansturms auf die Depositenkassen mußten die zwei größten Depositenbanken des Landes ihre Zahlungen einstellen. (Es war, wie nebenbei bemerkt sei, das Verdienst einiger deutscher Finanziers, vor allem Otto Joels, daß es unmittelbar nach diesem Zusammenbruch gelang, durch die Gründung der Banca Commerciale und des Credito Italiano das Depositenbanksystem Italiens in dieser kritischsten Zeit wieder aufzubauen.) Die italienische Staatsrente sank in Paris auf 72, der Wechselkurs auf 115% gegen Ende November 1893.

Der König berief in diesem gefährlichen Moment zum Leiter seiner Außenpolitik Crispi, in dessen Ministerium Sidney Sonnino als Schatzminister die schwierigsten Aufgaben erhielt. Sonnino ist der Retter der italienüchen Finanzen geworden. Es war sein Verdienst, daß der Staatsbankerott vermieden wurde. Er führte die Zwangskonversion der Staatsrente von 5% auf 4% herbei, erhöhte die Steuern und proklamierte den tatsächlichen Zwangskurs auch offiziell für die Staatsnoten. Durch die Nichteinlösung der Staatsnoten wurde auch für die Banknoten die Einlösbarkeit gegenstandslos, denn zum Tausch von Banknoten gegen Staatsnoten bestand keine Neigung. Die Barreserven der Banken konnten daher dem Staat in Höhe von 200 Millionen leihweise zur Verfügung gestellt werden, wogegen der Staat den Banken Staatsnoten übergab.

Als Entgelt wurde das Inkasso der neu eingeführten Goldzölle den Banken in der Weise übertragen, daß den Banken gestattet wurde, Zollanweisungen mit 10 Tagen Laufzeit herauszugeben, welche den italienischen Käufer wenigstens für die Dauer der Laufzeit von den Schwankungen des Agio unabhängig machte; für die auf diese Weise eingehenden Gelder mußten die Banken dem Staat Devisen und ausländische Guthaben beschaffen, welche zur Erledigung der Zinszahlungen im Ausland und zur Sicherung der Währung dienen sollten.

Um wenigstens die Not an Scheidemünzen zu beseitigen, traf Sonnino am 15. November 1893 ein Arrangement mit den anderen Staaten der italienischen Münzunion, wobei sich die Vertragsteile verpflichteten, die italienischen Scheidemünzen zurückzusenden, wogegen Italien die Sendungen zur Hälfte in Gold, zur Hälfte in Wechseln beglich. —

Die Lehren dieser schweren Krisis sind nicht umsonst gewesen. Eine sorgfältige, dem deutschen Muster angepaßte Bankgesetzgebung unterwarf die Notenbanken strengen Regeln in der Beleihung. Langsam wich das Mißtrauen, langsam kam die Produktion wieder in Gang. Allmählich konsolidierten sich die Finanzen und die Zahlungsbilanz.

Ungefähr bis 1899 dauerte die Zeit der Wiederherstellung; dann begann zu Beginn des 20. Jahrhunderts der neue Aufschwung des Landes. Arbeitsteilung im Bankwesen, friedliche Politik bis 1910, Aufschwung der Landwirtschaft und Industrie ermöglichten die Liquidation der Vergangenheit und ließen eine Wiederholung der Krisis der 90er Jahre nicht mehr eintreten. Diesmal ist man den richtigen Weg gegangen, indem man die Stabilisierung der Wirtschaft der Währungsreform vorangehen ließ.

Eine geschickte Devisenpolitik ließ das Verlangen nach Bareinlösung der Noten zurücktreten, so daß ohne neue Projekte der Abschaffung des Zwangskurses bis zum Beginn des Weltkrieges eine Konstanz der Wechselkurse zwischen den Goldpunkten ohne Goldwährung gewährleistet werden konnte.

Trotz des großen Barbestandes der Notenbanken kehrte das Verlangen nach Wiederherstellung der Bareinlösung nicht wieder, der Wirtschaft genügte die Stabilität der Papierwährung.

Erst im Weltkrieg ist, wie allenthalben in den europäischen Staaten, ein neuer Rückgang der italienischen Währung eingetreten. —

Das Bild, welches dieser kurze Überblick über die italienische Währungsgeschichte in der zweiten Hälfte des 19. Jahrhunderts entrollt, ist für die Nachkriegszeit lehrreich. Es zeigt, daß alle Stabilisierungsversuche der Währung, auch wenn sie mit den größten Opfern und mit den größten augenblicklichen Erfolgen durchgeführt werden, nur dann von Bestand sein können, wenn die finanzielle und wirtschaftliche Grundlage derart ist, daß eine Sicherung der Zahlungsbilanz gewahrt bleibt. Können solche Sicherungen nicht erreicht werden, so wird die Währungsreform überall ohne Erfolg bleiben müssen.

Die Geschichte des zweiten Aufstiegs Italiens nach der Krisis von 1893/94 zeigt anderseits, daß eine Stabilisierung der Währung von selbst eintritt, wenn die wirtschaftlichen und finanziellen Verhältnisse gebessert werden, weil die Geldentwertung eben nur ein Symptom wirtschaftlicher Erkrankung ist und eine bloße Beseitigung dieses Symptoms nur eine momentane Scheingenesung, nicht aber eine Heilung des kranken Organismus bringt.

Die Währungsreform in den Straits-Settlements 1903—1907.

Von

Richard Kiliani,

Wirkl. Geh. Legationsrat, Generalkonsul 1. K. z. D.

Herrn Bankdirektor F. Kiliani

Deutsch-Asiatische Bank, Berlin

freundschaftlich zugeeignet.

Literaturübersicht.

1. Arnold, Das indische Geldwesen. Jena 1906.
2. Heyn, Die indische Währungsreform. Berlin 1903.
3. Ellstaetter, Indiens Silberwährung. Stuttgart 1894.
4. Bothe, Indische Währungsreform. 1893.
5. Singer, Motive indischer Währungsreform. Straßburg 1910.
6. Gärtner, Friedrich, Geld und Geldentwertung. München 1922.
7. Schäfer, Klassische Valutastabilisierung. Hamburg 1922.
8. Pohle, Geldentwertung. Erlangen 1922.
9. Wächter, Kampf um die Währung. Berlin 1922.
10. Kemmerer, Monetary reforms. 1915.

Vorwort und Einleitung.

Von den kleinen Studien, die im Anschluß an die konsularische Berichterstattung vom Verfasser erschienen sind [1], ist diejenige über die Währungsreform der Straits-Settlements im 2. Heft des 36. Jahrganges des Schmollerschen Jahrbuchs für Gesetzgebung, Verwaltung und Volkswirtschaft des Deutschen Reichs (München und Leipzig bei Duncker und Humblot) im Jahre 1912 anonym veröffentlicht worden. Sie war als kolonial-politische Arbeit gedacht, als ein Ausschnitt aus dem großen südostasiatischen politischen und Wirtschaftsproblem, das in der Hauptsache ein Schiffahrts- und Warenverteilungsproblem war. Die Straits-Währungsfrage spielte dabei eigentlich überhaupt nur so lange eine selbständige Rolle, als das niederländisch-indische Geldwesen nicht geordnet war und Siam, Indo-China und die Philippinen den Anschluß an die Goldwährung der führenden Wirtschaftsmächte der Welt noch nicht vollzogen hatten. Eine Besonderheit — und wiederum eine mehr kolonialpolitische — war, die Wirkungen des Währungsexperiments einer europäischen Großmacht mit ausgedehntem Kolonialbesitz auf das Auslandschinesentum unter fremder Flagge zu zeigen, also die Frage, ob und wie weit der Chinese bei der besonderen Art seiner rassenmäßigen Bindung an das Mutterland und gleichzeitig seiner Einfühlung in die fremde Kolonialherrschaft einer solchen europäischen Währungsumstellung gefolgt ist. Wie die Welt jetzt aussieht, wird sie diese Frage des Auslandschinesentums, das u. a. in Indien und Sibirien bereits eine große Rolle spielt, wohl noch einmal mehr beschäftigen als bisher.

Außerdem hatten wir damals in den Straits und den vereinigten Malaienstaaten, sowie im ganzen niederländischen Archipel zahlreiche und angesehene deutsche Niederlassungen. Eine Zusammenfassung der Wirtschaftsprobleme, wie sie eine jede ordentliche Währungsstudie mit sich bringt, hatte also auch aus diesem Grunde Interesse.

---

[1] 1918: Australische Wirtschaft (als Manuskript) bei der bayerischen Staatsbibliothek München. 1922: „Die Großbankenentwicklung in Holland und die mitteleuropäische Wirtschaft.“ (2. Aufl. F. Meiner, Leipzig.)

Der — rein quantitativ gesehen — große Rest der währungstechnischen und währungspolitischen Einzelheiten der Arbeit ist im folgenden aus ihr wiederholt und mit Schlußfolgerungen nach Lage der Sache versehen. Der Straitsfall ist ein typisches Beispiel einer sogenannten „Vasallenwährung mit asiatischer Färbung": hinter der Kolonie stand das mächtige und reiche Mutterland mit seinem ganzen politischen und wirtschaftlichen Einfluß und Kredit. Die Straits-Settlements (und die Vereinigten Malaienstaaten) konnten als die reichste und blühendste britische Außenbesitzung gelten, selbst Ägypten nicht ausgenommen. Sie lieferten 60 % der Weltzinnerzeugung und eine Reihe der hochwertigsten Dschungelprodukte; der Boden eignete sich für tropischen Plantagenbau größten Stils, und Indien und China lagen als unerschöpfliche Arbeiterreservoire vor der Türe. Die Zahlungsbilanz war daher auch stets aktiv.

Läßt sich nun bei einer so außerordentlich günstigen Gesamtsituation für eine Währungsumstellung das Übergewicht der produktionstechnischen Elemente über die geldtechnischen nachweisen, so ist dies auch für den viel ungünstigeren deutschen Fall, in dem große Reparationsleistungen und eine ungeheuere schwebende Schuld auf die Währungsstabilisierung drücken, von Belang. War selbst bei den Straits das Vertrauen in die Produktionskraft des Landes die Vorbedingung für das Gelingen der Reform — und eine aktive Währungsstabilisierung war doch auch jedenfalls mit beabsichtigt — so muß dies für den deutschen Fall erst recht zutreffen.

Ich habe daher die durch das volkswirtschaftliche Seminar der Handelshochschule Berlin übermittelte Einladung des Vereins für Sozialpolitik in Berlin, das Referat über die Straits-Währungsreform in der Valutaenquete des Vereins zu übernehmen, angenommen, obwohl mir an sich u. a. auch die Ähnlichkeit der Straitsreform mit der indischen Währungsumstellung dagegen zu sprechen schien. Sie stehen beide zwischen aktiver und passiver Stabilisierung, indem sie als autonome Währung scheinbar als aktiv, als koloniale aber als passiv stabilisiert anzusehen sind. Eine spezielle Stabilisierungsanleihe hatte England allerdings in keinem der beiden Fälle gewährt und für das Gelingen der Reform auch offiziell keine Garantie übernommen (wie dies z. B. seitens der Mutterländer bei den Philippinen und in Ostafrika geschehen war). Jedoch stand bei Indien und den Straits für die öffentliche Meinung der Welt fest, daß englisches Gold und englischer Kredit die Währung im Bedarfsfalle stützen würden, daß jedenfalls also kurzfristige Kredite in England **nicht nur einmal**, sondern **überhaupt und jedesmal** zur Behauptung des Wechselkurses zur Verfügung stehen würden. Die Währungsmittel beider Länder waren an das Silber und dessen Preisgestaltung gebunden, d. h. also bei einem Silberfall einer Wertverschlechterung und das Land damit einer wachsenden Zinsenbelastung ausgesetzt: Indien hatte freie Silberprägung, in den Straits zirkulierten alle in Ostasien umlaufenden Silbermünzen. England ging in beiden Fällen zur sog. unsichtbaren Goldwährung, also zur Goldwährung ohne Goldumlauf, über, und in beiden Ländern wurden mit der Reform die Umlaufmittel „Sperrgeld". Die Münzen — in Indien die schon vorhandene Münze, die Rupie, in den Straits der neugeschaffene Straits-Dollar, waren beide unterwertig, d. h. ihr Nennwert war höher als ihr Metallwert. Die Goldparität ist in keinem der beiden Fälle gesetzlich festgelegt worden. Der Nennwert-Zwangskurs war also ohne jedesmalige neue Goldzufuhr an sich nur solange aufrecht zu erhalten, als die Zahlungsbilanz eine aktive war. Setzt man Indien nicht nur zum Mutterland in Beziehung, so war auch in Indien ebenso wie oben bemerkt in den Straits die Zahlungsbilanz stets aktiv. Letzten Endes handelte es sich schließlich in beiden Fällen auch doch nur um eine möglichst zweckmäßige Eingliederung der Währungen in das für Europa und auch in Ostasien vorherrschende Goldwährungssystem. In beiden Fällen lag eine intakte Wirtschaft vor; die Notwendigkeit der Währungsreform ergab sich nur aus einem äußeren Grunde, dem Sturz des Silbers. In Europa steht man zur Zeit zerstörten Wirtschaftssystemen mit an sich intakten Währungsmechanismen gegenüber. Im Straits- wie im indischen Fall ist schließlich eine Kursfixierung gewählt worden, die dem Verhältnis der beiden Münzen **dem Weltmarkt gegenüber** angemessen erschien. Andernfalls wären beide Länder zur Konkurrenzunfähigkeit auf dem Gebiete des Welthandels verurteilt worden, während, wie bemerkt, der von der Währung umschlossene Markt bisher mit einem Aktivsaldo gearbeitet hatte und die ökonomische Gesamtarbeit des Gebietes eine wirtschaftlich aktive und produktive gewesen war. Es war dabei gleichgültig, ob der erzielte Mehrwert dem Aus- oder dem Inlande zufloß.

Über die indische Währungsreform, der die Straitreform also in vielem nachgebildet ist, gibt es bereits eine umfangreiche, wissenschaftliche Literatur, zu deren Vermehrung ich keinen Anlaß sehe und keinen Beruf fühle. Ich habe jedoch auch dieses Bedenken gegen die Wiedererweckung meiner kleinen Arbeit schließlich fallen lassen, weil ich mir sagte, daß angesichts des Streites der Meinungen im deutschen Fall die Wahrheit, also die Präponderanz der Produktion über Finanzmaßnahmen und Stabilisierungsformen, heutzutage vielleicht nicht oft genug gesagt werden kann.

I.

Vor der Reform.

Die Kolonie Straits Settlements wurde bekanntlich ursprünglich von Indien aus regiert. Obwohl die Rupie vom Anfang des vorigen Jahrhunderts bis 1867, dem Jahre der Loslösung der Straits von Kalkutta, in den Straits gesetzliches Zahlungsmittel war, hat sie doch dort nie festen Fuß gefaßt und dem auf altem Handelsbrauch beruhenden spanisch-mexikanischen Dollarumlauf nie Abbruch tun können. Dies beruhte anfänglich auf dem Widerstand der Farbigen, namentlich der Chinesen, die an den Dollar gewöhnt waren, zuletzt aber auch mit hauptsächlich auf dem Widerstand der Weißen, die kein Anhängsel an Indien sein wollten. An beidem zusammen sind die englischen Versuche, in Ostasien der indischen Währung eine weitere Ausdehnung zu geben, schließlich gescheitert: ein typischer Fall der zähen Kraft der Chinesentums einerseits, von angelsächsischem Siedlerpartikularismus andererseits, der — im Gegensatz, leider, zu unserer deutschen Art — föderative Verwaltung mit politischer Zentralisation sehr gut zu vereinigen versteht.

In den Straits waren also mit der Loslösung von Kalkutta der Hongkongdollar und jeder spanische, mittel- und südamerikanische Dollar, der in Ostasien seit der Mitte des 16. Jahrhunderts umlief, zugelassen und auch im Verkehr, vorausgesetzt, daß Gewicht und Feingehalt dieser Münzen dem des Hongkongdollars entsprachen und die Regierung den Umlauf zuließ. 1874 traten dazu noch der amerikanische Handelsdollar und der japanische Yen und zwar als vollkommen gleichberechtigte Zahlungsmittel.

Dieser Zustand fand zwar die Billigung der Straitsbanken, die bei dem Charakter Singapores als großem Hauptentrepot für den gesamten, außerordentlich wertvollen Handel Südostasiens den Umlauf so ziemlich aller Münzsorten des Ostens in den Straits wünschten, aber nicht die der englischen Regierung, die aus politischen und weltwirtschaftlichen Gründen eine eigene, vom Schicksal fremder Währungen unabhängige britische Münze einführen wollte.

Bei der abwartenden Haltung, die britische Zentralstellen, in diesem Falle die königliche Münze und das Kolonialamt, in solchen Fragen vorsichtigerweise einzunehmen pflegen, hat die Straits-Währungsfrage dann längere Zeit keinen rechten Fortgang genommen. Man hat nur 1895 — im Wege eines auf keiner Seite befriedigenden Kompromisses zwischen Politik und Wirtschaft — neben dem mexikanischen Dollar als Normalmünze und neben den übrigen Dollarsorten und anderen Münzen auch noch den britischen Dollar als gesetzliches Zahlungsmittel eingeführt, den man später dann ausdrücklich — eine britische Münze aus einer britischen Besitzung — wieder ausschließen mußte!

* * *

In ein neues Stadium trat die Frage erst mit der in den 90er Jahren des vorigen Jahrhunderts einsetzenden Silberentwertung.

Die Schließung der indischen Münze für die freie Silberprägung hat bekanntlich über das Schicksal des Silbers als Währungsmetall entschieden (1893). Als das Silber von 40 auf 21 fiel, stiegen in den Straits automatisch Löhne, Beamtengehälter, Opiumpreise, der Betrag der jährlichen Militärkontribution an das Mutterland usw. Waren diese Schwankungen schon unkontrollierbar, so war es noch viel mehr die ebenfalls damit einsetzende, schwer abmeßbare Bodenentwertung. Sie entstand dadurch, daß das Land zu seiner Entwicklung auf den ständigen Zufluß von Kapital aus Goldländern angewiesen war. Dieses wurde aber durch die Lage des Silbermarktes abgeschreckt, da mit der Anlage in den Straits notwendigerweise ein sicherer Wert (Gold) gegen einen unsicheren (Silber) eingetauscht wurde.

Die in der Währungsliteratur bekannte indische Währungskommission unter Lord Herschell hat dann 1893 die Währungen der ostasiatischen Kolonien Großbritanniens neu untersucht. Die Ergebnisse sind nicht bekannt geworden; 1895 ist aber jedenfalls dem amerikanischen Dollar und 1898 dem japanischen Yen die Eigenschaft als gesetzliches Zahlungsmittel in den Straits entzogen worden. 1899 wurde dann der Notenumlauf neu geregelt: die 1-Dollarnote wurde bis zum Betrage von 10 Dollar, die 5-, 10-, 20-, 50- und 100 Dollarnote, sowie jedes Vielfache dieser letzteren unbeschränkt als gesetzliches Zahlungsmittel zugelassen. Die Noten der beiden englischen großen Banken, der Hongkong und Shanghai Bank und der Chartered Bank of India,

Australia und China, waren ebenfalls zugelassen, hatten aber keine gesetzliche Zahlungskraft.

Allmählich wurde es nun immer klarer, daß das Straitsproblem einerseits nicht im Gegensatz zu der Lösung, die die indische Währungsfrage gefunden hatte, also nur vom Standpunkt einer Goldbasis aus zu ordnen war: andererseits war man damals in der Kolonie merkwürdigerweise allgemein der Meinung — und zwar die Regierung ebenso wie die Banken, die Kaufmannschaft, die Händler, die Plantagen- und Minenbesitzer usw. —, jede Währung auf einer Sterlingsbasis würde nicht nur den Transithandel vertreiben, sondern auch die chinesische Einwanderung unterbinden. Beides wäre von geradezu katastrophaler Wirkung gewesen. In die Frage der Festhaltung des Transithandels spielte außer dem wirtschaftlichen auch das politische Motiv der Stabilisierung der Suprematie der britischen über die niederländisch-indischen Besitzungen in Südostasien mit hinein: die chinesische Einwanderung lieferte nicht nur die Muskelkraft zur Niederlegung des Dschungels und zur Hebung der Bodenschätze, sondern auch die Händlerintelligenz, die die wertvollen Rohstoffe aus den entferntesten Gegenden des Gebiets an die Häfen heranschaffte und gleicherweise die europäischen Einfuhrwaren bis in das letzte Malaiendorf verteilte.

* * *

Zu der Annahme, daß für die Straits mit der Einführung der Sterlingsbasis solche Gefahren verbunden sein würden, kam man durch die falsche Einschätzung einer an sich bestehenden historischen Tatsache, nämlich der: daß die ganze Handelsentwicklung und der ausgedehnte Transitverkehr der Straits tatsächlich auf dem Dollarsystem aufgebaut waren. Man glaubte nun, dies alles würde mit diesem System stehen oder fallen. Zu diesem Irrtum trug eine ebenso unrichtige Wirtschaftsvoraussicht bei, nämlich die, der Handel Südostasiens würde künftig immer mehr nach China gravitieren. Außerdem war man auch noch in einem Irrtum auf währungs-technischem Gebiet befangen, nämlich dem, es würde unmöglich sein, die bei einer Währungsreform zu demonetisierenden Münzen auch wirklich aus dem Straitsverkehr zu bringen.

Natürlich hielt man es erst recht für vollkommen ausgeschlossen, daß eine unterwertige Silbermünze, der die Chinesen das größte Mißtrauen entgegenbringen würden, jemals außerhalb der Kolonie zirkulieren könnte. Es gab aber kein anderes Mittel, um ihren Abfluß bei eventuell doch wieder steigenden Silberpreisen zu verhindern, als sie eben ziemlich stark unter dem Nominalwert herzustellen.

Dazu trat endlich noch, daß eigentlich niemand den Mut hatte, anzunehmen, man könne in diesem farbigen Völkergemisch der Straits jemals Handelsgeschäfte in fremder Münze wirksam verbieten.

Alle diese Gedankengänge haben sich dann angesichts der aktiven Zahlungsbilanz des Gebietes, bzw. des allgemeinen Vertrauens, das die Regierung genoß, hinterher als vollständig unbegründet herausgestellt, ein typisches Beispiel dafür, wie sehr auch die sogenannten unterrichtetsten Stellen und Menschen in Währungsfragen kapitalen Irrtümern unterworfen sein können. Die Regierung war dies in so starkem Maße, daß sie selbst zu dieser Zeit sogar noch einmal ernsthaft die Einführung der Rupie, die ja allerdings als niedrigere Währungseinheit den ärmeren Klassen zugute gekommen wäre, also eine ganz unmögliche Maßregel, erwogen hat.

* * *

Inzwischen war das Straits-Währungsproblem aber immer mehr in den Bannkreis der großen Zeiterscheinung, der fortschreitenden Entwertung des Silbers, eingetreten. Der Kurs des Silberdollars fiel so erheblich, die Schwankungen der Silberpreise nahmen einen solchen Umfang an, und die Unsicherheit dieses Metalles ließ so große Schäden für den Handel des Gebietes und die Entwicklung seiner Hilfsquellen befürchten, daß die weiße Handelswelt Singapores nun von sich aus die gesetzliche Fixierung des Dollarkurses, bzw. die Einführung einer Goldwährung forderte.

Die Forderung stieß natürlich auf den einmütigen Widerstand der chinesischen Kaufmannschaft, die auf der Beibehaltung des Silberdollars bestand; begründet hat sie das so:

„Eine Fixierung des Dollars bei niederem Silberstand würde die im Gebiete investierten chinesischen Kapitalien entwerten, bei höherem aber der Produktionskraft des Landes das anregende Moment wegnehmen, das in den billigen Löhnen liege: eine Abwälzung der Unsicherheit des Silberkurses von dem europäischen Großhandel auf den asiatischen Kleinhandel, wie sie beabsichtigt sei, würde aber die Entwicklung des Gesamthandels in Frage stellen."

Auch diese Gedankengänge haben die Tatsachen dann später als vollständig unrichtig erwiesen. Wie unsicher und tastend man allgemein in den einschlägigen Wirtschaftsfragen war, geht daraus hervor, daß damals selbst der Plan einer Art Münzkonvention zwischen den Straits und ihren Nachbarländern, Indo-China und den Philippinen, Niederländisch-Indien, Hongkong und Siam — allerdings auf einen Vorschlag von französischer Seite hin — auftauchen und in den Straits Erwägung finden konnte.

Inzwischen waren nun auch Indien und Japan Goldländer geworden und die Philippinen auf dem Wege dazu. Es war klar, daß für die Straits die Zeit gekommen war, denselben Weg zu gehen. Man wußte nur nicht recht, was man dabei mit dem britischen Dollar anfangen sollte, der weit über die Straits hinaus zirkulierte und namentlich auch in Hongkong gesetzliches Zahlungsmittel war. Dazu kam, daß diese Schwesterkolonie, ein Transithandelsplatz ohne eigenes Hinterland, das Zusammengehen in der Währungsfrage mit den ganz anders konstruierten Straits aus zutreffenden Erwägungen abgelehnt hatte. Hongkong war wirtschaftlich ein einfacher Appendix Chinas: die chinesischen Massen der Straits jedoch waren in den Wirtschaftsrahmen Südostasiens einbezogen und damit einer politischen und geldtechnischen Maßnahme einer fremden europäischen Regierung auch nach ihrer inneren seelischen Einstellung viel mehr zugänglich, als diese fremde Regierung selbst anzunehmen wagte.

* * *

Schließlich wurde die Lösung des ganzen Problems einer besonderen Kommission unter dem Vorsitz des bekannten Währungsfachmannes und früheren, nun bekehrten Silberanhängers Sir David Barbour übertragen: sein Bericht vom 17. März 1903 ist dem britischen Parlament im Mai desselben Jahres zugegangen; er bildet die Grundlage der Straits-Währungsreform.

II.

Die Reform.

In der richtigen Erwägung, daß bei jeder Währungsreform stets bestimmte Gesellschaftsschichten verlieren, während andere gewinnen, und daß man bei Währungsumstellungen also immer nur auf einen relativen Ausgleich hinarbeiten kann, ließ sich die Straitsregierung mit der Partei der Silberfreunde auf Auseinandersetzungen weiter nicht mehr ein. Man stellte lediglich fest, daß Banken, Pflanzer und Minenbesitzer, darunter alle Farbigen, in der Hauptsache für, die Mehrzahl der gesamten Handelswelt aber gegen das Silber war. Man bestritt, daß ein Goldstandardland, umgeben von Silberländern, seinen Handel notwendigerweise einbüßen müsse, und hielt dem entgegen, daß der in Frage stehende Handel Singapores im Grunde und in Wahrheit auf der geographischen Lage, der Zollfreiheit und dem größeren Umsatz beruhe. Einen infolge einer neuen Straits-Goldwährung etwa eintretenden neuen Silbersturz — von dem man aber betonte, daß er gar nicht notwendigerweise eintreten müsse — war man entschlossen eventuell eben hinzunehmen. Dem Einwande, daß das Publikum bei unterwertigem Silberumlauf schwere Verluste im Falle von Umwälzungen in den Straits erleiden würde, begegnete man mit dem Hinweise auf die geordnete und zuverlässige Regierung der Kolonie. Finanzpolitische Erwägungen traten also den produktionspolitischen gegenüber, wie man sieht, überall zurück, auch da, wo die Straits-Währungsreform ein wirklich großes Problem, wie die Silberfrage, berührte.

Das Problem war also zunächst, die tatsächlich umlaufenden Silbermünzen, hauptsächlich den mexikanischen und den (in einer wenig glücklichen Stunde erfundenen) britischen Dollar, aus dem Verkehr zu ziehen und durch einen neuen Straits-Dollar zu ersetzen. Dessen Kurs sollte dann nach dem Muster der indischen Währungsreform durch „Kontraktion" auf eine vorher nicht bekanntgegebene Goldrelation gehoben werden.

Man zweifelte zunächst, ob man die Einziehung der fremden Dollars und die Ersetzung durch neue Straitsnoten gleich vornehmen sollte, entschied sich aber wegen der Metallgeldneigung der Farbigen für eine allmähliche Einführung der neuen Währung unter ebensolcher Demonetisierung der fremden Münzen.

Die eingezogenen mexikanischen und britischen Dollars wurden in neue Straitsdollars desselben Gewichtes und Feingehaltes umgeprägt und die Einfuhr mexikanischer und britischer Dollars ebenso wie die Ausfuhr der Straitsdollars verboten (1903). Im nächsten Jahre wurde den fremden Dollars die Eigenschaft des gesetzlichen Zahlungsmittels aberkannt; im übernächsten Jahre waren die neuen Straitsdollars von den Schwankungen des Silberkurses bereits vollständig losgelöst. Lediglich zur Verhütung des Silberabflusses sind während des russisch-japanischen Krieges vorübergehend Noten ausgegeben woredn.

Endlich ist 1906 die Goldrelation des neuen Dollars auf 2 sh 4 d festgesetzt worden. Die Regierung gab also für Gold in Singapore zu diesem Satze Dollars aus. Man hat die Currency-Commissioners der Straitsregierung ermächtigt, Offerten der Straitsbanken wegen Ausgabe von Noten gegen telegraphische Anweisung an die Kronagenten für die Kolonien in London einzufordern und zu einer Spannung abzuschließen, bei der die Verschiffungskosten für Gold nach Singapore noch gedeckt waren.

Wie man sieht, wurde damit der Wert des Straitsdollars nicht schlechthin fixiert, sondern nur der sogenannte obere Metallpunkt festgelegt. Bei einer Kurssteigerung darüber würde es gelohnt haben, Gold in London gegen Anweisung auf in Singapore auszuzahlendes Silber zu hinterlegen.

Praktisch kam also die Sache auf eine Freigabe der Goldprägung hinaus.

Als dann die Silberpreise wider Erwarten stiegen, entschloß man sich, künftig — nach Wahl der Regierung — in Singapore auch Gold gegen Dollars abzugeben. Das Pfund wurde gesetzliches Zahlungsmittel, und auch die 1 Dollarnote wurde unbeschränkt als Zahlungsmittel zugelassen. Als dann die Silberpreise immer noch stiegen, hat man den Dollar (und die Scheidemünzen) zur Verhütung des Abflusses zu Einschmelzungszwecken einfach kleiner und silberärmer gemacht.

Bei der günstigen wirtschaftlichen Gesamtlage des Gebiets hatte die Regierung, wie man sieht, geldtechnisch vollständig freie Hand.

* * *

Die obere Grenze wurde mit 2/4 3/16 erreicht; zu diesem Satze nahm die Regierung in London Gold und zahlte dafür in den Straits Silber aus. Der untere Metallpunkt lag bei 2/3 11/16, zu welchem Satze die Straitsregierung Silber in Singapore gegebenenfalls aufnahm, gegen Auszahlung von Gold in London.

Die Differenzen nach oben und unten gegenüber der ideellen Parität von 2/4 sh entsprechen ungefähr den Kosten, die bei effektiver Versendung von Gold entstehen würden. Die Kursschwankungen der Straitswährung sind (mit einer gleich zu behandelnden Ausnahme) auch damals tatsächlich auf diese geringen Unterschiede beschränkt geblieben. Gold gegen Dollar auszugeben war niemals beabsichtigt: ein Gold-exchange-Standard, wie er in Mexiko und in den Philippinen angenommen ist, war in den Straits nicht in Aussicht genommen. (Die Einführung des Sovereigns als gesetzlichen Zahlungsmittels und die unbeschränkte Zulassung der 1 Dollarnote stellt sich übrigens als eine Abweichung von den Vorschlägen der Barbourschen Kommission dar, die nur den gesetzlich fixierten Silberdollar als gesetzliches Zahlungsmittel vorgesehen hatte.)

Der Straitswährungsmechanismus beruhte also — und das ist das Wichtigste — durchaus auf dem Ausgleich zwischen dem Silberbedarf der Exporteure in den Straits und dem Goldbedarf der Importeure nach den Straits in London. Bei normalen Verhältnissen verlangte der Exporteur den Gegenwert für seine Ausfuhrprodukte, die er in London realisierte, von den Banken in den Straits in Silber. Den Banken in den Straits strömte hinwiederum der ganze Erlös aus den Verkäufen des Imports zu. Sie beglichen die Goldforderungen, die hieraus an sie für die Importeure in London entstanden, mit dem Goldguthaben der Exporteure in London. Die richtige Funktion der Straitswährung war also durch Fluktuationen im Straits-Silber- bzw. -Goldbedarf bedingt, welche sich in der Nachbarschaft einer Grenze bewegten, die den Interessen der Regierung und der Banken in gleicher Weise entsprach. Gewöhnlich wurde das Maß dieser Schwankungen durch den natürlichen Wettbewerb der Banken unter sich aufrechterhalten, der sie — es handelte sich nur um eine kleine Anzahl mächtiger Institute — zwang, darauf zu halten, daß die Gewinne nicht zu hoch wurden, bzw. daß das Gesamtbankgeschäft in den Straits nicht durch zu günstige Raten — der Bankkundschaft gegenüber — gestört wurde.

Wie sich hieraus ergibt, konnte die Straitswährung nur funktionieren, wenn sich Ausfuhr und Einfuhr ungefähr das Gleichgewicht hielten und jedenfalls die Ausfuhr nicht erheblich und auf längere Zeit unter die Einfuhr sank.

Dieser notwendige Ausfuhrüberschuß wurde vom Straitshinterland gewährleistet, das im Gegensatz zu Hongkong eigene Wirtschaftswerte (Zinn, Tropenpflanzen, Tee usw.) in teilweise weltwirtschaftlich ausschlaggebendem Umfang erzeugte. (Siehe Näheres in meiner Studie bei Schmoller.)

Die dem Straitswährungsreformwerk zugrunde liegenden Wirtschaftsberechnungen waren zunächst auf der Annahme aufgebaut, daß der natürliche Zinnreichtum des Landes regelmäßig eine aktive Handelsbilanz des Gebietes gewährleisten und die Regierung von der Gefahr passiver Bilanzen und der Verpflichtung, die Währung über eine solche Periode hinweg durch Goldzufuhren zu halten, im allgemeinen befreien würde. Diese Berechnungen sind zu einer Zeit angestellt worden, wo die Entwicklung der Kautschukkultur in den Vereinigten Malaienstaaten noch in keiner Weise vorhergesehen werden konnte. Von einer nennenswerten, wahrscheinlichen Änderung in den Zinnweltmarktverhältnissen, etwa der Erfindung eines Zinnsurrogats, waren Anzeichen damals nicht zu erblicken.

Die Zahlungsbilanz des Gebietes, die am besten an den Wechselkursen auf London zu erkennen ist, wurde natürlich auch noch durch eine Reihe anderer Faktoren beeinflußt, von denen hier, da bei der besonderen Wirtschaftsstruktur der Straits schon die Warenbewegung den Reichtum des Landes ausweist, nur beispielsweise genannt seien: die nach China abfließenden Ersparnisse der Chinesen (die Schätzungen variieren zwischen 6 und 30 Millionen Dollar jährlich), die Provisionen, die die Banken sich dem Auslande gegenüber gutschreiben und die wirtschaftlich also wie Warenexporte wirkten, die Frachtgewinne der in den Straits aufgesetzten Schiffahrtsgesellschaften usw.

* * *

Die Gegenprobe auf die Richtigkeit des Vorstehenden lieferte die Krisis im Jahre 1907, die das Passivwerden der Straitshandelsbilanz und die Notwendigkeit der Stützung der Straitswährung durch eine Goldzufuhr der Regierung zur Folge hatte. Infolge des Silber- und Kupfersturzes in den Vereinigten Staaten von Amerika und der dortigen Goldkrise hatte die Goldabgabe von London nach Amerika zugenommen, was wieder den Goldabfluß der Straits nach London steigerte. Die Zinnpreise waren (mit denen des Silbers und Kupfers) stark gefallen, und zwar von

84/1/6 £ am 5. September auf
77/7/8 £ am 5. Oktober und auf
68/3/4 £ am 30. November.

Die Nachfrage nach Silber in den Straits-Settlements ging zurück, die Silberbestände in den Banken, die keine Aufträge, Gold in London auszuzahlen, mehr bekamen, stauten sich: die Banken konnten also den Goldbedürfnissen des Einfuhrhandels nicht mehr entsprechen.

Diese Sachlage führte zunächst zu einer Anfrage im gesetzgebenden Rate in Singapore (seitens eines englischen Bankleiters), zu welchem Maximalsatze die Regierung künftig telegraphische Überweisungen auf London verkaufen und zu welchem Minimalsatze sie solche künftig zu kaufen gedenke, sowie unter welchen Bedingungen sie Gold ausgeben wolle.

Die Regierung hat darauf erklärt, daß sie sich bezüglich der telegraphischen Überweisungen auf London nicht binden könne, daß sie zur Zeit Überweisungen zu 2/3 = 3/4 zu verkaufen und zu 2/4 = 1/4 zu kaufen bereit sei, daß sie Gold zur Zeit nicht ausgebe, dies aber gegebenenfalls im Interesse der Aufrechterhaltung der Währung innerhalb bestimmter Grenzen zu tun gedenke.

Im Dezember 1907 ist dann der Verkaufspreis der Rimessen auf London (telegraphic transfers) um 1/16 herabgesetzt, schließlich der Rimessenverkauf ganz eingestellt und sind in Singapore Sovereigns gegen Silber ausgegeben worden. Letzteres beruhte darauf, daß unter den damaligen Verhältnissen die Beschaffung von Gold gegen Sicherheiten nur zu ziemlich lästigen Bedingungen möglich war.

Die Regierung hat also den Banken ihr überflüssiges Silber abgenommen, aus dem Verkehr gezogen und zurückgelegt. Die hierzu nötigen Mittel hat sie zunächst ihrer Goldreserve entnommen und dafür in Singapore Sovereigns ausgegeben. Nach Erschöpfung dieser — damals noch kleinen — Goldreserve hat die Regierung die hierzu nötigen Mittel dadurch beschafft, daß sie telegraphische Anweisungen auf London verkaufte. Dagegen hat sie Vorschüsse bei den „Crown Agents for the Colonies" in London aufgenommen, die in den einzelnen Monaten die folgenden Beträge erreichten:

November 1907 . . .	586553 £
Dezember 1907 . . .	345000 £
Januar 1908	345000 £
Februar 1908	514598/4/4 £
März 1908	576409/18/1 £.

Die Verrechnung blieb zunächst späteren Maßnahmen vorbehalten („in abeyance").

In diesem Zeitpunkte entschloß sich die Straitsregierung auch, allmählich mit Verkäufen ihrer in London bei den Crown-Agents hinterlegten Wertpapiere vorzugehen, da diese wegen des durch die Silberabgaben seitens der Banken natürlicherweise zurückgehenden Notenumlaufes zu Deckungszwecken nicht mehr benötigt waren und mit dem Erlös die von den Kronagenten vorgestreckten Summen abgetragen werden konnten. Der Notenumlauf, der im Juni 1907 noch 27,6 Millionen Dollar betragen hatte, bezifferte sich am 31. Dezember nur mehr auf 22,44 Millionen und im März 1908 auf 20,8 Millionen, stieg aber von da an wieder.

Die Anleihen bei den Kronagenten erreichten im Mai 1908 den Betrag von 700664/18/1 £, fielen bis zum August auf 492278/15/7 £ und betrugen am 31. Dezember 1908 nur mehr 385632/8/10 £. Das Depot in Wertpapieren (securities) der Regierung war durch Verkäufe von nom. 1041268/18/6 £ und 2465400 R im Januar 1907 auf 759846/18/10 £ und 2465400 R im Dezember 1907 zurückgegangen. Die Differenzen in den Pfundbeträgen weisen die Abdeckung aus, die durch die Rückzahlung der Schulden eingetreten war.

Die Regierung hat somit die Währung, natürlich auch um den Preis einer erheblichen Verminderung ihrer Goldreserven (von ca. 500000 auf 300000 £), durch Goldzufuhren stützen müssen.

Das Wesentliche des Vorganges war in der Selbstverständlichkeit zu erblicken, mit der er sich abgespielt hat. Er ist weiteren Straitshandelskreisen, namentlich nicht den chinesischen, wohl nicht einmal deutlich bewußt geworden. Großbritannien hat für einen wesentlichen Stützpunkt seiner die ostasiatischen Seewege beherrschenden und seinen indischen Besitz flankierenden Position in Hinterasien eben Mehraufwendungen zu machen gehabt, von deren vorübergehendem Charakter jedoch man überzeugt war.

Der rein koloniale Charakter der Straits-Währungsreform tritt deutlich hervor, wenn man das seinerzeitige Wegsinken des Tikalkurses in Siam dagegenhält. Tikal und Dollar notieren im Jahresdurchschnitt:

	Tikal:	Dollar:
1904/05	17,94	10,43
1905/06	16,84	9,79
1906/07	15,06	8,57

	Tikal:	Dollar:
1907/08	13,52	8,57
1908/09	13,29	8,57
1909/10	13,24	8,57

Der siamesische Tikal, der bekanntlich einmal bereits bis auf seinen Silberwert gesunken ist, konnte nur mittels einer Anleihe gehalten werden, zu deren Zustandekommen es englischer und französischer Intervention in Bangkok bedurfte.

Nun könnte allerdings die Aufrechterhaltung der Straitswährung und damit der Sicherheit der in Straitsunternehmungen angelegten Kapitalien für Großbritannien möglicherweise in dem Zeitpunkte von untergeordneter Bedeutung werden, in welchem — aus heute nicht vorherzusehenden Gründen — Singapore und die Straits überhaupt für Großbritannien an Bedeutung verlieren würden. Die Straitswährungsreform war also technisch als Maßnahme aktiver Stabilisierungspolitik solange nicht vollendet, als nicht das Gleichgewicht zwischen Guthaben und Schulden der Straits ohne weiteres künstlich hergestellt werden konnte, mit anderen Worten, solange nicht eine so große Geldreserve angesammelt war, daß damit die überhaupt wahrscheinlichen Handelsbilanzschwankungen von selbst ausgeglichen werden können. Das war wenigstens die englische Auffassung.

Am 31. Januar 1906 stand einem Notenumlauf von 17,45 Mill. $ noch eine Silberdeckung von nur 10,17 Mill. $ und solche eine in Wertpapieren von 7,28 Mill. gegenüber; eine Bargoldreserve fehlte vollständig. Sie erscheint in den Ausweisen des Straits Settlements-Schatzamtes zum erstenmal am 31. März 1906 mit dem noch geringen Betrag von 1700 £, ist aber am 30. April 1906 bereits auf 158221 £ gestiegen, während sich der Notenumlauf in derselben Zeit auf 1855 Mill. $ erhöht hat. Von da an nahm sie in regelmäßigem allmählichem Wachstum zu, das am 31. August 1906 bereits den Betrag von 954730 £ = 19094600 Mark (bei einem Notenumlauf von 24,78 Mill. $) erreicht.

In diesem Zeitpunkt hat die Regierung, um ein weiteres Anwachsen ihres Goldbestandes zu verhindern, auf Verlangen nicht nur Silber, sondern auch Gold gegen Noten ausgegeben, bis ihr Goldbestand auf 125000 £ heruntergegangen war. Sie scheint sogar einen Teil ihrer Goldbestände an die indische Regierung übergeführt zu haben.

Im Laufe des Jahres 1907 hielt sich der Goldbestand auf der Höhe von 400000 £, bis im Dezember der eben geschilderte (und damals bislang einzige) Fall einer passiven Handelsbilanz eintrat.

Die Straitsregierung hielt ständig Gold in Singapore und London' worüber monatlich Ausweise veröffentlicht wurden. Die „securities" konnten als jederzeit leicht veräußerlich bezeichnet werden. Wenn nicht außergewöhnliche Verhältnisse eintraten, genügten jedoch die vorhandenen Barmittel, um die Straitswährung selbst über mehrere Jahre passiver Handelsbilanzen hinwegzuhalten.

* * *

Der Straitsdollar wurde nun — bei den zahlreichen Beziehungen der Chinesen in den Straits zu den umliegenden südostasiatischen Wirtschaftsgebieten und zu China — nicht nur überall in diesen, sondern auch in China zu seinem Goldwert gegeben und genommen bzw. berechnet. Jeder chinesische Händler wußte, daß er den Straitsdollar eventuell als Rimesse nach Singapore benützen konnte, wo er sicher war, stets 2 sh 4 d dafür zu erhalten. Die Münze hatte daher stets denselben Kurswert, wie die telegraphische Auszahlung auf Singapore (unter Abrechnung der Verschiffungs- usw. Spesen). Bei der gelegentlich tatsächlich vorkommenden Hin- und Hersendung genoß der Dollar erfahrungsgemäß sogar mitunter ein Prämium von 1—2%. Den Schwankungen des Goldkurses unterlag er in dem Silberland China allerdings natürlich ebenso, wie das englische Pfund oder die Mark. Die Existenz eines besonderen Silberkurses des Straitsdollars infolge von Arbitrage war jedoch nicht als vorhanden anzuerkennen. Etwaige Arbitragegeschäfte auf Singapore wurden von China aus vielmehr genau so abgeschlossen, als ob die Straits Settlements Goldland wären. Wäre dies nicht der Fall gewesen, würde der Wert des Straitsdollars im Chinahandel also durch Angebot und Nachfrage von Barrensilber bestimmt worden sein, so müßte er gelegentlich ja auch unter seine Parität gegenüber dem englischen Goldgeld herabgesunken sein, was bis damals nie eingetreten war. Die Straits Settlements waren also auch als aus dem Kreis der auf der Silberbasis beruhenden sogenannten Küstenarbitrage ausgeschieden zu betrachten.

* * *

Bei der durchschnittlichen Unkenntnis der farbigen Massen — darunter im großen und ganzen auch der Chinesen — von dem Wesen des vorgenommenen Währungsexperimentes war die neue Straitswährung neben der Goldreserve mit als durch das Vertrauen gesichert zu bezeichnen, das die farbige Bevölkerung des Gebietes und namentlich die Chinesen der englischen Verwaltung entgegenbrachten. Sie kannten die Differenz zwischen dem Nominal- und dem Silberwert des neuen Straitsdollars sehr wohl, waren aber überzeugt, daß das britische Weltreich stets die Straitswährung, gegebenenfalls durch Goldzufuhren, aufrechterhalten könnte und würde. Auch die Stützung der Währung im Jahre 1907, die schließlich an sich jede wohlfundierte Bank ebensogut hätte durchführen können, ist der Straitsregierung deshalb viel leichter gelungen, weil eben der Kredit des englischen Weltreiches hinter ihr stand. England hatte — kolonialpolitisch — schließlich nichts weiter getan, als daß es eine Verständigungsmöglichkeit zwischen dem in Gold denkenden Handel der Straits und dem in Silber denkenden chinesischen der Straits schuf. Letzterer hat sich auf das britische Experiment in einer seinem nationalen Wirtschaftsempfinden so konträren Frage, wie die der Einführung einer künstlichen Goldwährung, nicht etwa eingelassen, weil er in ein staatlich normiertes Geld, sondern weil er zu der Prosperität der Straits und in die Stabilität der kaufmännisch geleiteten englischen Straitspolitik Vertrauen hatte. Der Chinahandel der Straits war trotzdem ausschließlich von Metallvorstellungen beherrscht.

* * *

Eine Besonderheit des Reformwerkes war, daß mit der Fixierung des Kurses eine erhebliche Erhöhung desselben vorgenommen wurde. Bis Ende 1904 waren die Handelskreise der Straits allgemein der Ansicht, der neue Dollar würde auf etwa 2 sh fixiert werden. Als dann die Silberpreise um diese Zeit erheblich stiegen, konnte es als ziemlich sicher gelten, daß die Fixierung zwecks Verhütung des Abflusses des Dollars zu Einschmelzzwecken zu einem höheren Kurs als 2 sh erfolgen würde. Die oben erwähnte sogenannte Kontraktionsperiode war also begreiflicherweise mit wilden Kursspekulationen aller Klassen in den Straits ausgefüllt, die um so allgemeiner waren, als sie tatsächlich als ziemlich sicher gelten konnten. Den besseren Spekulanten kam dabei noch der Umstand zustatten, daß bei der besonderen Organisation des Straitshandels die Kaufleute sich gegen Kursverluste bei den Banken zu versichern pflegten, die sich ihrerseits wieder gegen Kursverluste eindeckten. Namentlich eine in Singapore aufgesetzte (nicht-englische) Bank hat damals durch billige Goldverkäufe im großen ganz erhebliche Silbermengen in den Straits an sich gezogen. Eine Gegenaktion der Regierung durch Unterbietung der Goldpreise dieser Bank, die allerdings vorübergehend Kosten verursacht haben würde, zu der aber die englischen Banken (schon aus politischen Gründen) wohl leicht zu haben gewesen wären, ist damals nicht erfolgt. Dadurch hat diese fremde Bankunternehmung zeitweise sehr hohe Gewinne gemacht, die an sich nicht gerechtfertigt waren und den sonst bei Währungsreformen der vorliegenden Art üblichen Verdienst der Regierung stark gemindert haben. Das ist also als ein — vermeidbarer — Schönheitsfehler der Reform zu bezeichnen.

Nach der Natur der Sache wird die Frage, ob und wieweit die Fixierung des Dollars die Rohprodukten- und Warenpreise beeinflußt hat, im vorliegenden Falle zu der Frage, ob und wieweit dies durch die Höhe der Kursfixierung geschehen ist.

Mit dem Vorbehalt, daß die damals seit der Reform abgelaufene Zeit vielleicht überhaupt zu kurz war, um ein zuverlässiges Urteil in der Frage abzugeben, mußte sie im Jahre 1912 vorläufig dahin beantwortet werden, daß sich eine solche Einwirkung auf die Preise damals bislang nicht hat feststellen lassen.

Was die Landesrohprodukte betrifft, so wurden und werden die Preise im allgemeinen durch Angebot und Nachfrage auf dem Weltmarkt, also in der Hauptsache immer noch in London, festgesetzt (oder aber durch mächtige Interessengruppen, wobei der Spekulation oft ein großer Spielraum eingeräumt bleibt).

An sich würde eine hohe Dollarfixierung die Straitserzeugnisse auf dem Weltmarkte allerdings ceteris paribus den gleichen Erzeugnissen derjenigen konkurrierenden Produktionsländer gegenüber schlechter gestellt haben, die eine niedrigere Währungseinheit hatten. Bei der Prüfung der Preisbildungsfaktoren bzw. des Niederganges einer bestimmten Kultur in den Straits ergab sich damals aber fast stets, daß (mindestens neben der Währungsreform) noch andere Gründe maßgebend gewesen waren, denen nach der Natur der Sache ein größeres Gewicht als dieser einzuräumen war.

Alle die von mir damals gesammelten Daten über die Preisbewegung einzelner Rohprodukte sprachen sämtlich gegen einen Einfluß der Währungsreform in der Frage.

Was die Preise der Einfuhrwaren, im Detail- und auch im Engrosgeschäft, in den Straits betraf, so hatten sie sich nicht nur nicht allmählich, wie man annahm, sondern etwa nach 4 Jahren dem erhöhten Dollarwert überhaupt nur teilweise, nämlich in geringem Maße nur da angepaßt, wo der Wettbewerb die Käufer zu Preisermäßigungen gezwungen hat. Die Kaufkraft des Dollars war also nicht nur nicht vorübergehend, sondern damals bislang überhaupt nicht in dem Verhältnis seiner Werterhöhung gestiegen. Das Leben in den Straits Settlements war demnach durch die Währungsreform teuerer geworden, ein Umstand, dem z. B. die Straits-Regierung durch ständige Extrazulagen für ihre in Gold entlohnten Beamten Rechnung trug. (Damit ist ein Moment berührt, das auch bei der indischen Währungsreform anscheinend eine nicht allgemein bekannt gewordene Rolle gespielt hat: die Besorgnis der Regierung vor dem Einreißen von Beamtenkorruption bei Verminderung der Kaufkraft des Geldes und damit steigender Entwertung der Beamtengehälter.)

Der indische Landarbeiter in den Straits konnte sich z. B. seinerzeit für den Straitsdollar nicht mehr kaufen, als für die Rupie in seiner Heimat, obwohl dieser den doppelten Silberwert der Rupie besaß. Man kann natürlich sagen, daß eine solche Verteuerung wohl ebenso in Japan und Indien beim Übergang zur Goldwährung beobachtet worden ist und daß sie im allgemeinen den Preis darstellt, der für die Stetigkeit der Valuta und für den Anschluß an die höher organisierte ökonomische Gemeinschaft der Goldländer bezahlt werden muß. Allein für die Straits war diese Verteuerung nur darauf zurückzuführen, daß der Regierung die Lösung des Währungsproblems auf einer niederen Dollarbasis nicht gelungen war, was bei richtiger Voraussicht und rechtzeitigen Eingriffen, wie oben gezeigt, sehr wohl möglich gewesen wäre.

* * *

Vom Transithandel war nur seine unlautere, rein spekulativen Gewinn suchende Form durch die Währungsreform von dem Gebiete weggetrieben worden. Manche Händler in Niederländisch-Indien, namentlich chinesische, die sich die Chance eines Kursgewinnes selten entgehen ließen, hatten früher z. B. ihre Rohprodukte aus dem Goldland der Erzeugung über ihr Haus in dem Silberland Singapore nach dem Goldland Japan verkauft, den Goldgulden also zunächst in einen Silberdollar und dann wieder in einen Gold-Yenum gesetzt. Dabei war gegebenenfalls ein Gewinn zu realisieren, der mit dem Rohproduktenhandel überhaupt in keinem inneren Zusammenhang stand. Für die Banken, die in den Straits, wie in Indien, ja lange überhaupt eine dem Silber günstige Haltung eingenommen hatten, sich aber im allgemeinen der Wendung zum Gold weniger heftig widersetzt haben, als die indischen, hatte das Aufhören dieser Art von Transithandel mit Preisspekulation ja unleugbar Verluste mit sich gebracht; vom Standpunkt der allgemeinen Volkswirtschaftsinteressen muß das Verschwinden dieser spekulativen Geschäfte, obwohl damit gelegentlich, wie beim Rattanhandel, auch eine Art Veredlungsverkehr verbunden gewesen zu sein scheint, jedoch als ein Gewinn bezeichnet werden.

Es ist ferner richtig, daß die Währungseinheit in den Straits-Settlements nach Ablauf einer nicht im voraus bestimmten Zeit auf einen nicht vorher angekündigten Kurs gebracht worden ist. Die von manchen Seiten behauptete Folgerung, daß dies den fremden Handel mit Mißtrauen erfüllt hätte, war aber, wie damals nach dem Ablauf einer längeren Zeitperiode zuversichtlich gesagt werden kann, nicht eingetreten.

Die neue Straitswährung war der Handelswelt ja nicht unbekannt. Dollars waren in den Straits-Settlements immer im Umlauf gewesen. Da sich äußerlich durch die Reform wenig oder nichts geändert hat, so war es dem Durchschnittshändler, dem kleinen chinesischen Pflanzer, dem Kuli usw., überhaupt nicht aufgefallen, daß sich damit im Geldwesen des Landes etwas geändert hatte: darin liegt auch der unleugbare Vorteil, den das gewählte Dollarsystem irgendeinem anderen, etwa der Rupie oder dem Shilling, gegenüber gehabt hat.

Die von einem amerikanischen Kritiker der Reform (cf. meine Studie S. 142, Fußnote 2) erhobene Ausstellung, betreffend die durch die Währungsreform angeblich eingetretene ungebührliche Schädigung der Schuldnerklasse in den Straits, läßt sich bei näherer Prüfung nicht aufrecht erhalten. Die Schuldverbindlichkeiten lauteten eben nicht auf „Unzen Silber", sondern auf Silberdollars. Soweit Darlehen aus Goldländern in Frage gekommen waren, war wohl stets in Gold dargeliehen worden, so daß dem Gläubiger auch bei höherem Kurse kein Gewinn zufiel. Im kleinen lag hier dasselbe Verhältnis wie bei den chinesischen Staatsanleihen vor, bei denen die Gläubiger auf etwaige Gewinne aus niederen Silberkursen ja auch von vornherein verzichteten.

Endlich waren die Gläubiger ja wohl auch meist irgendwie selbst in den Straits-Settlements aufgesetzt.

Der Einwendung, daß die Straits besser gleich zur reinen Goldwährung übergegangen wären — wovon ein Teil der Straitspresse eine Stellung Singapores für den Geldmarkt Ostasiens erhoffte, wie sie London im Anfang des vorigen Jahrhunderts für Europa gehabt hat —, war damals entgegenzuhalten, daß durch den Ankauf des ganzen Silberumlaufes des Landes (ausschließlich eines Scheidemünzenkontingentes) ganz unverhältnismäßig hohe Kosten entstanden wären. Diese Erwägungen beruhten außerdem auf einer total mißverständlichen Konzeption der ganzen Situation, wie am Schlusse gezeigt werden wird.

Der Vorwurf, daß die Straitswährungsreform die einzige ist, bei der man Feingehalt und Gewicht als unveränderlich betrachtet habe, erledigt sich dadurch, daß die Straitsregierung, um ein Abfließen des Dollars zu Einschmelzungszwecken (bei steigenden Silberkursen) zu verhindern, später (1907), wie geschildert, tatsächlich zu einem Dollar mit vermindertem Gewicht und Feingehalt übergegangen ist. Daß dies zögernd erfolgt ist, beruhte auf der — wiederum — irrtümlichen Voraussetzung, die chinesische Bevölkerung würde der Annahme eines noch unterwertigeren Dollars Schwierigkeiten bereiten.

Abschließend kann hier noch ad vocem der nun inzwischen aber wohl allgemein auf ihr richtiges Maß reduzierten sog. Quantitätstheorie gesagt werden, daß in der vorliegenden Frage ein Zusammenhang zwischen der Menge der Umlaufmittel und der Preisbildung nicht nachweisbar war. Nicht die Menge, sondern die Einlösbarkeit der Umlaufmittel hat das Wirtschaftsleben der Straits damals beeinflußt. In den Vorstellungen der Bewohner dieser Länder war seit der Fixierung der Dollar eben nicht mehr dieser, sondern der Teil des englischen Pfundes, den er repräsentiert, der allgemeine Wertmesser geworden.

Über die spätere Kursgestaltung des Straitsdollars gegenüber dem Silberpreise und namentlich dem Papierpfund stehen genaue Daten zur Zeit nicht zur Verfügung. Der Kurs von 2/4 scheint trotz aller inzwischen eingetretenen Ereignisse ununterbrochen durchgehalten worden zu sein, er ist also vom Silber nicht beeinflußt worden. Die Regierung hat, als bei steigendem Silberpreis das Kleinsilber aus dem Verkehr zu verschwinden begann (also gehamstert wurde), kleine Noten zu 10 und 25 cts ausgegeben und die Ausfuhrbestimmungen verschärft. Die

Kontrolle war bei den strikten Maßnahmen der Kriegs- und Nachkriegszeit nicht schwer.

Sie hat aber den Dollar auch nicht über das Pfund steigen lassen. Die Entwertung des englischen Geldes hat sich offenbar automatisch auch auf den Straitsdollar übertragen. Er blieb (mit geringfügigen Schwankungen) stets auf 2/4. Die Zinn- und Gummiausfuhr des Gebiets ist während des Krieges ausschließlich auf Rechnung der Regierung erfolgt. Die Finanzierung bot also dem Freiverkehr keinen Anreiz zu dem Versuche, durch Kursspekulationen Gewinne zu erzielen. Ferner blieb, da diese kriegsnotwendigen Artikel aus den Straits kamen, der Schiffsverkehr in Singapore lebhaft (im Gegensatz z. B. zu Indien und anderen britischen Besitzungen).

III.

Kritik und Ausblick.

Die Straits-Währungsreform — nach Lage der Sache keine sehr erhebliche Währungsumstellung — bringt nichts grundsätzlich Neues. Das Gebiet war keine kulturelle, nur im gewissen Sinn eine politische, aber eine wirtschaftliche Einheit. Erwähnenswert ist vielleicht, daß die Träger dieser Einheit, die Menschen, eine wohl sonst nirgends auf Erden vorhandene ethnographische und kulturelle Vielgestaltigkeit aufweisen: unter der britischen Herrschaft leben oder lebten z. B. in Singapore 3 weiße und etwa 40 verschiedene farbige Völker, unter welch letzteren die Chinesen nach Zahl und Bedeutung ausschlaggebend waren. Die Kultur dieser Völker war auch für ihre Einstellung der britischerseits beabsichtigten Währungsreform gegenüber von Belang. Die Chinesen waren ausschließlich metallisch gerichtet, die Indier der Horde ergeben usw. Alles, was sonst noch die farbigen Menschen dieses Gebiets, deren Handel ja zum großen Teil ständig über dessen Grenzen hinausging, gegen eine ihrem Empfinden fremde Maßregel einer fremden Macht hätte einnehmen können, verschwand vor der einen wirtschaftlichen Erwägung, daß die britische Regierung uneingeschränktes Vertrauen verdiene und auch daß sie die Straitswährung auf alle Fälle und immer durchhalten würde.

Für die koloniale Muttermacht stand immerhin sehr Erhebliches auf dem Spiel: es handelte sich nicht nur um Singapore und nicht nur um den Handel und die Schiffahrt der Straits, sondern um die Wirtschaft eines der reichsten Gebiete der Erde, nämlich Südostasiens überhaupt. Dessen Hauptgebiet, der Inselarchipel, war in holländischem Besitz. Die wirtschaftliche Zentrale Südostasiens aber sollte vom englischen Standpunkt aus tunlichst Singapore sein und bleiben.

Außerdem waren — weitergesehen — die Straits ein ganz unentbehrliches Glied in der Kette der Besitzungen, aus denen sich das britische Imperium in allmählicher, seit Jahrhunderten als Ziel zäh festgehaltener Umrandung des Indischen Ozeans langsam aufgebaut hat.

In Indien war, wenn man das Erträgnis des gesamten nationalen Kapitals mit den Leistungen dieses Kapitals für das Ausland vergleicht, die Handels- und Zahlungsbilanz im weiteren Sinne stets aktiv, d. h. sie schloß nach außen hin stets mit einem Aktivsaldo ab. Für die Straits konnte man das erst recht sagen: Straitskapital hat in nennenswertem Maße in England niemals gearbeitet.

Eine Betrachtung der Straits-Währungsreform vom Standpunkt währungsgeschichtlicher Zusammenhänge führt zu den Quellen der englischen Währungsmethoden, nämlich dem Lindsayschen Vorschlag zur indischen Währungsreform, der Peelschen Bankakte (und dem currency principle) und zu Ricardo zurück.

Auf diese Zusammenhänge kann hier nicht näher eingegangen werden: es muß der Hinweis auf die Schäfersche Schrift [1] genügen.

Hervorzuheben ist auch im Falle der Straitswährung vielleicht das psychologische Moment: die feste Überzeugung der Umwelt, England würde *nicht nur einmal* im Falle einer vorübergehend passiven Zahlungsbilanz des Gebiets, sondern *überhaupt in jedem Falle* und *stets* die Straitswährung durchhalten. Die ostasiatische farbige Welt hat sich also der neuen Straitswährung gegenüber so verhalten, als ob diese tatsächlich eine Golddevisenwährung wäre, als ob sie also nicht nur wahrscheinlich, sondern technisch und tatsächlich in Gold des Mutterlandes verankert wäre. Um die Einzelheiten hat sich die öffentliche Meinung Ostasiens kaum gekümmert.

Aus diesem Vertrauen der Umwelt, also dem Kredit, den die Straits nach der politischen und wirtschaftlichen Gesamtsituation des Gebietes allenthalben genossen, ist eine Stabilisierung des Wechselkurses gewissermaßen selbsttätig erwachsen. Dieses Vertrauen, dieser Kredit beruhte daneben aber doch auch wieder auf der Zahlungsfähigkeit der

[1] Klassische Valutastabilisierungen. Hamburg 1922. Boysen.

Kolonie. Der Kalkül der Leute war doch schließlich der: England würde die Straits zunächst ja sicher nicht fallen lassen; aber auf die Dauer würde es sich doch nur für einen „going concern", also für ein Unternehmen einsetzen, das sich selbst bezahlt macht.

Diese Straits-Zahlungsbilanz war nun tatsächlich fast immer aktiv in dem Sinne gewesen, daß dabei die Home Charges des Gebiets von selbst mitabsorbiert waren (ebenso wie dies seinerzeit in Indien der Fall war).

So galten also die Straits überall als ein Land mit ansteigender Kreditfähigkeit. Weder das europäische noch ostasiatische fremde Kapital hat bei der ganzen Währungsreform und für die ganze Zukunft jemals ernstlich befürchtet, mit seinen Investierungen in den Straits „in Währung" zu geraten. Wie der Fall also wiederum zeigt, ist es nicht im entferntesten nötig, die „Inflationsemission" erst völlig zu „vergolden", wie dies z. B. in Rußland geschah, wo nach der Witteschen Reform der Rubel nicht mehr nur „goldgerändert", sondern einfach gleich Gold war.

Die indische Währungsreform schuf bekanntlich eine Golddevisenwährung: dabei lag ein Teil der sogenannten Stabilisierungs- und der Zirkulationsreserve allerdings im Auslande, und von der Inflationsemission war nur ein Teil durch Gold gedeckt. Das können sich Vasallenstaaten auch leisten, solange das Herrenland am Wohlergehen des Vasallenstaates stark interessiert ist.

Im Straitsfalle waren ja schließlich Umstände denkbar, die die Währung, wenigstens soweit sie von der Deckung durch das Mutterland abhing, ernstlich gefährden konnten, z. B. schwindendes Interesse Englands an seiner politischen und wirtschaftlichen Basis in Singapore oder eine Erschütterung der politischen und wirtschaftlichen Stellung des britischen Imperiums. Diese und ähnliche Befürchtungen konnten freilich als „weit hergeholt" gelten. Dann auch war immer noch der natürliche Reichtum des Landes an Rohstoffen vorhanden, die eine auch noch so erschütterte Weltwirtschaft wohl niemals ganz hätte entbehren können.

Bei der argentinischen Währungsreform befand sich allerdings die ganze Zirkulationsgoldreserve und die Stabilisierungsreserve im Inlande; letztere aber machte nur einen Teil der Inflationsemission aus. Diese ist überall in hohem Maße vom Weltkredit abhängig.

Und so hat schließlich der Goldbesitz Englands und der Reichtum der

Straits in idealer Konkurrenz die Währungsumstellung der Straits letzten Endes in der geschilderten Form möglich gemacht. —

Lenkt man in diesem Zusammenhang den Blick auf Deutschland und die künftige Stabilisierung der Mark, dann ist, wie ich glaube, doch auch dies zu betonen: Seit dem Zeitpunkt, zu welchem die indische, russische und argentinische Währungsreform erfolgte, ist die Weltwirtschaft und die internationale wirtschaftliche Verflechtung weit fortgeschritten und in ganz anderem Ausmaße ein ausschlaggebender Faktor für das Gedeihen der führenden Kultur- und Wirtschaftsländer überhaupt geworden, als dies damals der Fall war. Die großen Rohstoffländer der Erde, die uns ihre Erzeugnisse verkaufen wollen (und müssen), werden, sobald einmal die deutschen Reparationen auf ein allgemein von Deutschland tragbares Maß zurückgeschraubt sein werden, mit ihrem Kredit, mit den Kapitalien, die sie in Deutschland dann arbeiten lassen werden, die Mark von selbst stabilisieren helfen, ob sie wollen oder nicht. Damit würde Deutschland in die Phase der „geborgt aktiven Zahlungsbilanz“ [1] eintreten und sehr bald von selbst zu einer Goldwährung ohne Goldumlauf kommen. Die Goldreserven müßten teilweise stets und unmittelbar greifbar sein; sie würden nur die wirtschaftlichen Wellenspitzen auszugleichen haben.

Daß ohne ausländische Anleihe die Stabilisierung nicht in Angriff genommen werden könne, hat man bisher auch in unterrichteten Kreisen vielfach geglaubt. Aber auch dies ist jetzt, nachdem die ersten Schritte zur Stabilisierung der Mark ohne fremde Unterstützung getan sind, wohl kaum mehr aufrecht zu halten.

Der Stabilisierungskurs wäre dem Verkehrsbedarf anzupassen. Das Ausland müßte zu der Überzeugung gebracht werden, daß wir mit unseren eigenen Leistungen „von der Warenseite her“ die Kaufkraft unseres Geldes heben wollen und können, wofür aber, wie schon bemerkt, die Herabsetzung der Reparationslast auf ein tragbares Maß die unerläßliche Voraussetzung ist.

[1] Vgl. Schäfer.

Salzburg, März 1923.

Die Stabilisierung der österreichischen Krone.

Von
Ministerialrat Dr. Friedrich Gaertner (Wien),
Privatdozent.

Die österreichische Krone stand nach dem Zusammenbruch noch verhältnismäßig hoch. Trotzdem der Notenumlauf am 1. Jänner 1919 bereits mit mehr als 42 Milliarden Kronen ausgewiesen wurde (gegenüber ungefähr 2 Milliarden im Frieden) notierte die Krone damals, also nach dem bereits eingetretenen Zerfall des alten Reiches, in Zürich noch 32—33 Centimes.

Das österreichische Staatsgebiet, das nunmehr — von den übrigen Teilen losgetrennt — sein eigenes wirtschaftliches Leben zu führen hatte, war durch die Kriegswirtschaft verhältnismäßig am stärksten ausgepumpt und aller Vorräte entblößt. Lebensmittel und Brennstoffe mußten zugeführt, Textilien, Metalle usw. importiert werden. Überdies war aber die innere Wirtschaft in hohem Maße passiv. Wenngleich es Österreich gelang, eine bolschewistische Periode (trotz der Beispiele in den ungarischen und bayrischen Nachbargebieten) zu vermeiden, war doch die öffentliche Ordnung und Ruhe nur labil. Die Regierungsmacht stand auf schwachen Füßen. Katastrophen konnten mehr als einmal nur durch Eingehen auf finanzielle Wünsche dieser oder jener sozialen Gruppe vermieden werden. So entwickelte sich während der Jahre 1919 und 1920 ein System, das ich an anderer Stelle näher beschrieben habe [1]), und das im übrigen aus den auch in Deutschland gemachten Erfahrungen genügend bekannt ist.

Noch 1920 dachte niemand an das bittere Ende. Erst mit dem Eintreten des inzwischen in tragischer Weise verschiedenen Volkswirtes Dr. R o s e n b e r g in das Finanzministerium als Berater des Ministers wurde in ernster Weise eine Sanierungspolitik eingeleitet. Über sein Anraten wurden die Lebensmittelzuschüsse des Staates beseitigt und damit die erste Voraussetzung für die weitere Ordnung geschaffen.

Diese Maßregel war an sich ebenso richtig wie die mit ihr zu einem Finanzplan kombinierten neuen Steuern. Trotzdem vermochte dieser so wenig wie ein zweiter, auf ähnlichen Ideen aufgebauter Finanzplan vom Frühsommer 1922 das Gleichgewicht im Staatshaushalt herzustellen und damit die Notenpresse stillzulegen. Denn man hatte bei der Auf-

[1] Vom Gelde und der Geldentwertung, München 1922, S. 46ff.

stellung dieser Finanzpläne auf die Mechanik der inflationierten Wirtschaft zu wenig Bedacht genommen: Ist nämlich die Erkrankung der Wirtschaft bereits soweit fortgeschritten, daß das Niveau der Preise, Gehälter und Löhne völlig erschüttert ist, so werden neue Abgaben (Steuern, Tariferhöhungen usw.) ohne weiteres fortgewälzt. Sie bewirken nur neue Preiswellen, verschärfen also nur das Übel, zu dessen Heilung sie dienen sollen.

Dazu kam noch eine zweite Ursache des Mißerfolges dieser beiden Sanierungsversuche: das Vertrauen des Auslandes begann gerade in diesem Zeitpunkte in das Gegenteil umzuschlagen. Damit war dem Kronenkurse die stärkste Stütze entzogen. Während der vier Kriegsjahre hatte sich die auswärtige Bewertung der österreichischen Krone (nach der Züricher Notierung) weit über ihrer inneren Kaufkraft bewegt. Das war zunächst ein Erfolg der staatlichen Devisenpolitik, vor allem aber der Drosselung des Warenverkehrs. Nach Öffnung der Grenzen, also etwa Mitte 1919, begann ein stürmischer Zufluß von Artikeln aller Art, die der Warenhunger des entgüterten Landes an sich zog. Trotzdem war noch im Sommer 1920 die äußere Bewertung ganz wesentlich höher, als sie dem Teuerungsindex im Lande entsprach[1]. Das war eine Folge der umfangreichen ausländischen Käufe von Kronen und Kronenwerten, die ebenso in spekulativer Absicht erfolgten wie die (noch weit umfassenderen) Käufe in Reichsmark. Aber die starke Enttäuschung, die die Spekulanten erfuhren, bewirkte an der Wende 1920 eine gewisse Umkehr: die Aufnahmefähigkeit des Auslandes für Kronen wurde schwächer, nachdem wohl auch die systematische Abstoßung von Kronen durch österreichische Baissespekulanten das Mißtrauen der fremden Märkte erregt hatte. Immerhin bewegte sich die Verschlechterung des Dollarkurses in den ersten neun Monaten des Jahres 1921 noch in verhältnismäßig engen Grenzen. Erst im letzten Quartal 1921 stieg der Goldkurs teilweise rascher als die Teuerung:

Die Katastrophe der Krone begann also mit Beginn des zweiten Quartals 1922. Während noch bis Mai dieses Jahres der Index des Banknotenumlaufes und der Lebenshaltung beinahe in derselben Kurve verlief, trat im April eine entscheidende Wendung ein. Die Index-

---

[1] Die Bewertung der Krone im Auslande blieb während der ganzen Inflationsperiode hinter der Inlandskaufkraft zurück, was allein schon durch den Mieterschutz und die Lebensmittelzuschüsse bedingt war; die Spannung war aber sehr verschieden groß.

ziffer der Teuerung ging sprungweise in die Höhe und überholte rasch die Kurve des Notenumlaufes und noch stärker jene des Dollarkurses. So trat die Krise des Vertrauens zur österreichischen Valuta sichtbar in Erscheinung.

Die „Flucht vor der Krone" hatte weite Kreise ergriffen, und das Bestreben, Sachwerte an Stelle von Geld in die Hand zu bekommen, war allgemein geworden. Die Forderungen der Eigentümer solcher Sachwerte wurden maßlos, und die Bereitwilligkeit der Besitzer von Geld, auf immer höhere Preisforderungen einzugehen, verlor jede Grenze.

Der Wunsch nach Einführung der Goldrechnung, der in Deutschland im Sommer 1923 so lebhaft wurde, ist damals auch in Österreich aufgetaucht. Seit dem Anfang des Jahres 1922 wurde eine solche Maßregel in den Zeitungen, in Beratungen der Handelskammern usw. gefordert; die Aussprache in der Öffentlichkeit führte aber zu einem ablehnenden Ergebnis [1]. Man erkannte, daß die Einführung der Goldrechnung der Kronenwährung den Todesstoß versetzen würde. Hieraus hätten sich aber insolange unabsehbare Folgen ergeben, als nicht eine neue, bessere Währung vorhanden ist; diese aber konnte nicht eher geschaffen werden, als nicht der Staat andere Hilfsquellen zur Deckung seines Gebarungsabganges gefunden hatte.

Die Kosten der wilden Preisbewegung mußten zunächst die Festbesoldeten tragen. Sie setzten sich schließlich zur Wehr, und es kam Ende Juni 1922 zu einem Streik der öffentlichen Beamten. In dieser beinahe verzweifelten Lage griff die Regierung zu einem Hilfsmittel, über dessen zweischneidige Wirkung sie sich nicht im unklaren war: man schuf das Indexgesetz (vom 28. Juni 1922, B.G.Bl. Nr. 367): eine paritätische Kommission hat jeden Monat die eingetretene Verteuerung oder Verbilligung der Lebenshaltung zu ermitteln; gemäß dieser Indexziffer sind die Gehälter in dem kommenden Monat mit erhöhten oder verminderten Beträgen auszuzahlen.

In Österreich werden zweierlei Indexberechnungen angestellt:

Seit Jänner 1921 berechnet das Bundesamt für Statistik monatlich die vierwöchentlichen Kosten des notwendigen Ernährungsaufwandes:

a) für eine Verpflegseinheit,

b) für eine vierköpfige Familie mit drei Verpflegseinheiten.

Als Basis der Berechnung dient ein Ernährungsaufwand, der eine Nahrungsmittelmenge mit einem Gehalt von 3000 Kalorien für den Tag sichert. Die Zu-

[1] Siehe z. B. „Neues Wiener Tagblatt" vom 22. September 1922.

sammensetzung der Verbrauchsmenge wird monatlich neu festgelegt; zunächst werden die Kosten einer Kalorie zur Zeit der Neuberechnung des Ernährungsaufwandes festgestellt und hierauf die Aufteilung des gesamten Ernährungsaufwandes auf die einzelnen Nahrungsmittel nach der jeweils wohlfeilsten Möglichkeit ihrer Beschaffung unter Wahrung der Mindest-Kalorienmenge vorgenommen. Auf diesem Wege erhält man eine Gesamt-Aufwandziffer, die dann auf einen Anfangsstand (Juli 1914 oder Dezember 1921) bezogen und in einer Relativzahl (Indexzahl) zum Ausdruck gebracht wird.

Dieses System der Indexberechnung für den Ernährungsaufwand unterscheidet sich von den sonst üblichen derartigen Berechnungen durch die Veränderlichkeit der monatlichen Berechnungsgrundlage. Es ergibt somit keinen eigentlichen Index der Geldwert- oder Preisbewegung, sondern einen Teuerungsindex, d. h. eine Darstellung der jeweiligen Aufwandsentwicklung für das wirtschaftende Subjekt.

Dem gegenüber steht die Indexberechnung, die seit dem Jänner 1922 von der Paritätischen Kommission, die nach dem Gesetz betreffend den Abbau der Lebensmittelzuschüsse berufen wurde, monatlich aufgestellt wird. Diese Indexberechnung erweitert den Kreis der für die Preisaufzeichnung herangezogenen Bedarfsgegenstände auf Bekleidung, Wohnung, Beheizung und Beleuchtung. Sie geht im Unterschied zu dem variablen Verbrauchsschema des Statistischen Bundesamtes von einem festen Verbrauchsschema aus, stellt zunächst für die nach Art und Menge immer gleichbleibenden einzelnen Bedarfsgegenstände die jeweils marktüblichen Preise fest und berechnet dann auf Grund von „Wertigkeitszahlen" (Ziffern, die beiläufig das Ausmaß angeben sollen, in dem die einzelnen Artikel zur Verbrauchsdeckung herangezogen werden) den Wert des gesamten Verbrauchsquantums. Die Berechnung der Relativzahlen geschieht in der gleichen Weise wie durch das Bundesamt für Statistik. Die Indexliste ist hinsichtlich der Wertigkeitszahlen so aufgebaut, daß nach dem Preisstand zu Ende des Jahres 1921 57% des Gesamtaufwandes auf die Ernährung, 29% auf die Bekleidung, 14% auf Beheizung, Beleuchtung und Sonstiges und 0,1% auf den Wohnungsaufwand entfallen.

Die Wirkungen des Indexgesetzes waren zunächst katastrophal. Die Indexkurve verlief bis zum Oktober wie folgt:

15. Jänner	1922	Plus	25 %
15. Feber	„	„	18 %
15. März	„	„	1 %
15. April	„	„	10 %
15. Mai	„	„	25 %
15. Juni	„	„	71 %
15. Juli	„	„	41 %
15. August	„	„	24 %
15. September	„	„	91 %
15. Oktober	„	Minus	8 %.

Der Monat Juni brachte also eine Erhöhung gegen den Mai um

71 %. Dadurch war ein neues gewaltiges Ansteigen des staatlichen Aufwandes für die Beamtenbesoldung bedingt, dessen Deckung nur durch die Notenpresse erfolgen konnte. Der Umlauf mußte unvermeidlich sprunghaft zunehmen (er stieg im Juni von 397 auf 550 Milliarden Kronen). Nun hatte sich die Öffentlichkeit und besonders das an der Börse interessierte Publikum eine Art naiver Quantitätstheorie zurechtgelegt: man glaubte, daß die Kurse ohne weiteres proportionell der Zunahme der Zahlungsmittel steigen müßten, daß also eine freie Prämie für die Spekulation mit geliehenem Gelde bestehe. Der Zudrang an der Börse wuchs daher ins Ungemessene, wodurch sich die ganze Bewegung immer noch mehr verschärft hat.

Die Lage war in jenem Zeitpunkte eine verzweifelte. Die österreichische Kronenwährung schien verloren. Viele Kaufleute ließen sich auch durch polizeilichen Druck kaum mehr abhalten, ihre Waren nur in fremder Währung zu verkaufen. Insbesondere die Händler, die auf den Bezug aus der Tschechoslowakei angewiesen sind (z. B. Textilien, Zucker), wollten gegen österreichische Kronen nichts mehr abgeben.

Die europäischen Mächte waren von der österreichischen Regierung schon lange vorher auf das Eintreten einer solchen Krise aufmerksam gemacht worden. Man hatte daraufhin das österreichische Problem im März 1921 an den Völkerbund gewiesen, dessen Finanzkommission dieses im April und Mai 1921 in Wien studiert und einen Sanierungsentwurf ausgearbeitet hatte. Der Plan kam aber nicht zur Ausführung, weil die Freigabe der Pfandrechte, die sich die Entente im Friedensvertrag vorbehalten hatte, nicht rechtzeitig zustandekam. Die meisten europäischen Staaten hatten zwar den Verzicht ausgesprochen; aber die Freigabe insbesondere durch Amerika ließ auf sich warten. Auch auf der Konferenz von Genua (April 1922) konnten nicht alle Widerstände überwunden werden.

England hatte nun im Feber 1922 gemeinsam mit Frankreich einen Kredit von 2½ Millionen Pfund Sterling (davon 2¼ Großbritannien) gewährt. Trotzdem dieser zunächst gesperrt blieb, hatte doch schon die Tatsache, daß ein solcher Fonds für Interventionen vorhanden war, ein weiteres Ansteigen der Devisenkurse verhindert (vgl. die verhältnismäßig geringe Zunahme der Indexzahlen im Feber, März und April 1922).

Als aber Ende April klar wurde, daß die Aufhebung der Pfandrechte auch auf der Konferenz von Genua nicht erreicht wurde, durchbrach der Pessimismus alle Schranken, und es kam zu jenem Valutazusammenbruch, der sich von Anfang Mai bis in den September hinein immer mehr gesteigert hat. Anfänglich ist noch mit Hilfe des englischen Kredites kräftig interveniert worden; aber die vorhandenen Mittel wurden in wenigen Wochen aufgebraucht, ohne eigentlich den Kursverfall aufhalten zu können.

Dann hatten noch Frankreich, Italien und die Tschechoslowakei kleinere Regierungskredite gewährt (55 Millionen französische Franks, 70 Millionen Lire und 500 Millionen tschechoslowakische Kronen). Schließlich aber war in keinem dieser Länder mehr ein solcher zu erlangen; diese Tatsache, die auch in Österreich nicht verborgen blieb, wirkte heftig auf die Devisenkurse zurück.

Auch ein letzter Appell an die englische Regierung hatte nur dazu geführt, daß diese eine neuerliche Prüfung des österreichischen Problems durch den Völkerbund in die Wege geleitet hat. In Österreich wurde dieser Schritt des britischen Kabinetts mit großem Pessimismus aufgenommen. Die Katastrophe schien kaum mehr abwendbar.

Noch einmal hatte die Regierung den Zusammenbruch der Währung und damit der Wirtschaft dadurch zu verhüten vermocht, daß sie vom Parlament ein Gesetz über die Gründung einer neuen Notenbank beschließen ließ (Juni 1922). Durch einen gewissen Druck auf die großen Wiener Finanzinstitute wurden diese auch bewogen, für die neue Notenbank ein entsprechend großes Goldkapital zu garantieren. Diese Maßregel, die weniger durch sachliche Gesichtspunkte veranlaßt war, als vielmehr den Zweck hatte, stimmungsmäßig zu wirken und in einer beinahe verzweifelten Lage den letzten noch vorhandenen Rest an Vertrauen zu erhalten, hat auch durch einige Wochen gewirkt. Auch versuchte der Staat noch einmal, mit seinen Machtmitteln einzugreifen und den Devisenverkehr im Sinne seiner Bedürfnisse zu regeln; wir werden die Einzelheiten weiter unten eingehender darstellen (S. 62).

Aber alle diese Mittel wirkten nur kurze Zeit und Mitte August 1922 war die Lage äußerst gespannt. Allenthalben wurden Lebensmittel und Heizmaterial gehamstert, und alle Welt suchte Geld in Ware zu verwandeln. Man mußte damit rechnen, daß der Tag sehr nahe sei, an dem die Krone überhaupt nicht mehr genommen würde. Dann wäre wahrscheinlich eine Panik ausgebrochen, deren Folgen nicht abzusehen wären.

In diesem ungemein kritischen Zeitpunkte trat eine Wendung

ein. Sie war das Ergebnis eines persönlichen Eingreifens des Bundeskanzlers Dr. Seipel. Er hatte zunächst mit den Regierungen der drei größten Nachbarn Österreichs in Prag, Berlin und Verona Fühlung genommen; sodann begab er sich nach Genf, wo er auf der Tagung des Völkerbundes den versammelten Mitgliedern in einer von höchstem Ernste getragenen Rede die Lage Österreichs darlegte. Er betonte, daß Österreich den Willen habe, sich zu retten, daß aber zunächst das Ausland eine ausreichende Unterstützung gewähren müsse.

Seine Ausführungen hatten tatsächlich Erfolg. Mehrere Regierungen, an der Spitze die britische, entschlossen sich, einer systematischen Sanierung Österreichs ihre Hilfe zu leihen. Es wurde der Plan einer Wiederaufbauaktion Österreichs vereinbart, dessen Grundlinien etwa wie folgt zu kennzeichnen sind:

Die österreichische Regierung verpflichtet sich zu einer durchgreifenden Finanz- und Wirtschaftsreform, die binnen zwei Jahren das dauernde Gleichgewicht im österreichischen Budget herstellt. Als Mittel dienen Ersparungsmaßnahmen in der Verwaltung, Reformen der Staatsbetriebe, Erhöhung der Einnahmen und Verbesserung der Steuertechnik. Weiter wurde die sofortige Gründung der geplanten Notenbank vorgesehen, womit jede weitere Währungsinflation ausgeschlossen werden sollte.

Um diesem Plan die Grundlage zu geben, erklärten die britische, französische, italienische und tschechoslowakische Regierung ihre Bereitwilligkeit, eine Anleihe mit einem Gesamtertrag von 650 Millionen Goldkronen zu 86 % zu garantieren.

Belgien, Schweden, Holland und Dänemark haben die Haftung für kleinere Anteile übernommen. Dann hat die Schweizer Bundesregierung 20 Millionen Goldkronen gleich 3 % des Gesamtbetrages effektiv gezeichnet, womit 100 % des Gesamtbetrages von 650 Millionen Goldkronen gedeckt waren. Von diesen sind 287 Millionen zur Rückzahlung der oben erwähnten englischen, französischen, italienischen und tschechischen Vorschüsse und eines im Feber 1923 gewährten Schatzwechselkredites von 3½ Millionen Pfund Sterling bestimmt, so daß 318 Millionen Goldkronen verbleiben; dazu kommen noch die schweizerische und eine spanische Tranche, so daß Österreich im ganzen 364, 2 Millionen Goldkronen zur weiteren Sanierung erhält, über die es einvernehmlich mit dem Generalkommissär (siehe unten) verfügen kann. Damit soll durch zwei Jahre der Abgang der staatlichen Gebarung ausgeglichen werden, so daß man während dieser Zeit die notwendigen Reformen durchführen kann.

Für den Dienst dieser Anleihe verpfändet Österreich die Bruttoeinnahmen aus den Zöllen und dem Tabakmonopol. Zur Überwachung der Durchführung des Reform- und Finanzprogrammes sowie zur Wahrnehmung der Rechte der garantierenden Mächte wird ein Kontrollkomitee des Völkerbundes eingesetzt. Als Exekutivorgan dieses Komitees dient ein vom Völkerbundrat ernannter Generalkommissär. Er hat seinen Sitz in Wien und soll die Durchführung des Reformprogrammes überwachen und über die Fortschritte dem Völkerbundrate monatlich Bericht erstatten.

Ohne Ermächtigung des Generalkommissärs kann die österreichische Regierung über die Anleihebeträge nicht verfügen. Der Generalkommissär hat seine Zustimmung zur Freigabe von Anleihebeträgen davon abhängig zu machen, daß das Reformprogramm schrittweise durchgeführt und eine Entwertung der Pfänder verhindert wird. Gegen einen Mißbrauch der Vollmachten des Generalkommissärs kann die österreichische Regierung beim Völkerbundrat Berufung anmelden.

Ferner übernahm die österreichische Regierung die Verpflichtung, dem Parlament einen Gesetzentwurf vorzulegen, der jede Regierung, die während der nächsten zwei Jahre im Amte sein wird, bevollmächtigt, innerhalb der Grenzen des Reformprogramms ohne neuerliche Gesetzbeschlüsse alle notwendigen Maßnahmen durchzuführen, um bis zum Ende dieses Zeitabschnittes das budgetäre Gleichgewicht herzustellen.

Dieses am 4. Oktober 1922 zu Genf gefertigte Protokoll wurde nach verfassungsmäßiger Genehmigung am 2. Dezember 1922 ratifiziert. Gleichzeitig wurde durch das Bundesgesetz vom 27. November 1922 ein Reform- und Ersparungsprogramm festgesetzt, das mit einer nach Wien entsendeten Delegation des Völkerbundes vereinbart worden war. Es umfaßt im wesentlichen folgende Bestimmungen:

Überführung der Staatsbetriebe in eigene Wirtschaftskörper, also Aussonderung aus der Hoheitsverwaltung und Überleitung in einen kaufmännischen Betrieb — Verkleinerung und Vereinfachung des Apparates der Zentralregierung — Vereinfachung der Gerichtsbarkeit — allgemeine Verwaltungsreform verbunden mit Zwangsabbau von Beamten.

In der Einnahmenpolitik wurde eine Erhöhung der Zölle, der Verbrauchssteuern und der direkten Steuern angeordnet; insbesondere wurde eine Vermögens- und eine Warenumsatzsteuer vorgesehen. Weitere Maßregeln betreffen die Sanierung der Landes- und Gemeindefinanzen.

Auf erhebliche Schwierigkeiten stieß aber jene gesetzliche Bestimmung, durch die die Regierung eine besondere Ermächtigung zur Durchführung dieser Maßregeln ohne weitere Befragung der Parlamente erhalten sollte. Da hier eine Änderung der Bundesverfassung vorlag, war auch die Zustimmung der (sozialdemokratischen) Opposition erforderlich. Nach längeren Verhandlungen mit dieser wurde nachstehende, auch verfassungsrechtlich bemerkenswerte Lösung[1]) gefunden:

Zur Durchführung gewisser Maßregeln, die im Wiederaufbaugesetz materiellrechtlich geregelt sind, ist die Regierung ohne weiteres ermächtigt, kann also mit Verordnung vorgehen. Für andere Reformen, die im Zuge des Sanierungsprogramms ergriffen werden müssen, ist ein „besonderer Regierungsbeschluß" erforderlich, der im „Außerordentlichen Kabinettsrat" gefaßt wird. Dieser ist eine Erweiterung der Regierung durch Mitglieder des Parlaments, die in diesem Falle ad hoc eintreten. Sie werden aus Nationalrat und Bundesrat nach dem Proporz (Listenwahl) gewählt und führen in dieser Funktion den Titel „Staatsrat". Stimmberechtigt sind nur die 26 Staatsräte, also nicht auch die Minister. Vorsitzender des Außerordentlichen Kabinettsrates ist der Bundeskanzler. Er hat nach jenem Spezialverfassungsgesetz auch das Recht, dem Außerordentlichen Kabinettsrat eine kurze Frist, allenfalls sogar nur drei Tage, zur Beschlußfassung zu gewähren. Falls innerhalb dieser Zeit der Außerordentliche Kabinettsrat nicht zu einem ordnungsmäßigen Beschluß gelangt, kann die Regierung ihre Vorlage als Verordnung kundmachen. —

Mit diesen beiden Gesetzen hatte Österreich zunächst seine Verpflichtungen erfüllt.

Der für die Wiener Devisenspekulanten unerwartete Erfolg der Genfer Verhandlungen veränderte die Lage mit einem Schlag. Die hemmungslose Spekulation auf den weiteren Sturz der Krone war plötzlich durchkreuzt. Der Umschwung setzte auf der ganzen Linie ein; die Kurse der Devisen waren ebenso rückläufig wie die der Wertpapiere.

---

[1] Vgl. Adamovich, „Verfassungsrecht", S. 107 ff. Kelsen, „Grundriß des österreichischen Staatsrechtes", S. 226 ff.

Nachdem in der ersten Hälfte im November klargestellt war, daß das Programm, das der Kanzler aus Genf gebracht hatte, die Zustimmung des Parlaments findet, und nachdem auch die Schaffung der geplanten neuen Notenbank sichergestellt war, ging der Finanzminister mit einer kühnen Maßregel vor, die den überraschenden Eindruck der Genfer Vereinbarungen noch gewaltig erhöhte: Am 16. November 1922 wurde die Stillegung der Notenpresse verfügt, das heißt die Abhebung von Noten auf Grund von Hinterlegung staatlicher Schatzscheine wurde durch Vereinbarung mit der Delegation des Völkerbundes endgültig eingestellt.

Der Notenumlauf, der im Juli 1914 in ganz Österreich-Ungarn 2,13 Milliarden Kronen betrug, war Ende 1918, also nach vierjähriger Kriegsdauer und dem Zusammenbruch des Reiches, erst auf 42,7 Milliarden angewachsen. Hiervon waren 35,8 Milliarden durch den Bedarf der österreichischen und ungarischen Regierung in Anspruch genommen. Ende 1921 betrug aber der Umlauf des kleinen Deutschösterreich bereits 174,1 Milliarden, wovon 152 Milliarden auf Grund österreichischer Staatsschatzscheine entnommen waren. Die sprunghafte Steigerung während des Jahres 1922 zeigen folgende Ziffern:

Ende Juli belief sich der Umlauf auf 549 Milliarden, davon 379 Milliarden für staatlichen Bedarf; am 15. November 1922 hatte der Umlauf bereits 3133 Milliarden erreicht, wovon 1720 Milliarden durch österreichische Staatsschatzscheine gedeckt waren. Das rasche Steigen des Umlaufs war aber auch durch den kommerziellen Bedarf bedingt, der am 15. November bereits 888 Milliarden Kronen beansprucht hat.

Der weitere Bedarf des Staates wurde zunächst durch zwei innere Anleihen gedeckt. Die erste war eine Bankenanleihe; 30 Millionen Goldfranks wurden von den österreichischen Banken gezeichnet, die damit der immer dringenderen Forderung der Öffentlichkeit entsprachen, einen Teil ihrer Devisenbestände dem Staate in seiner Not zur Verfügung zu stellen.

Ferner wurde anfangs Dezember eine allgemeine innere Anleihe aufgelegt, und zwar 8 %ige Dollar-Schatzscheine mit sechsmonatlicher Laufzeit. Sie waren insofern für das Publikum besonders günstig, als die Rückzahlung nach Wahl des Zeichners in Dollar oder in Kronen zu einem garantierten Kurs erfolgt. Auch wurde die Verwendung gehamsterter Devisen für die Zeichnung dieser Anleihe durch Steuerbegünstigungen erleichtert. Der Erfolg war ganz unerwartet günstig: es wurden 5,5 Millionen Dollar aufgebracht.

Endlich wurden im Jänner und Feber 1923 im Sinne der Genfer Vereinbarungen gewisse, bis dahin gebundene Reste der Regierungskredite (36 Millionen französische Franks und 68 Millionen Lire) freigegeben, und endlich standen 15,4 Millionen Goldkronen zur Verfügung, die der österreichischen Regierung aus der Liquidierung der Österreichisch-ungarischen Bank zugewiesen waren.

Zu diesen Eingängen kamen noch ziemlich beträchtliche Beträge, die durch Verkauf von Beständen an Getreide und Mehl erzielt wurden, die aus der staatlichen Bewirtschaftung stammten. Mit all diesen Mitteln konnte bis in die ersten Monate 1923 gewirtschaftet werden, wobei die österreichische Finanzverwaltung weit länger mit ihren eigenen Kräften aushielt, als dem in Genf vereinbarten Plane entsprach.

Erst im Feber 1923 wurde in London und einigen kontinentalen Plätzen (als weiterer Zwischenkredit) eine Schatzanleihe in der Höhe von 3,5 Millionen Pfund plaziert, durch die der Bedarf bis in den Juni gedeckt war. Damit war Zeit gewonnen, die schwierigen Vorbereitungen für die Unterbringung der großen Völkerbundanleihe zu treffen.

Zunächst mußte für die ungewöhnliche Modalität einer von mehreren Ländern garantierten Anleihe eine allen Teilen entsprechende Rechtsform gefunden werden. Für diese hat man nach langwierigen Unterhandlungen folgende Konstruktion vereinbart:

Die einzelnen Tranchen der Anleihe lauten überall auf die Währung des Landes, in der der betreffende Teil plaziert wird. Nur in Österreich lautet die Anleihe auf Dollars. Der Text ist obligatorisch deutsch und englisch; weitere Sprachen werden nach Wunsch des Landes aufgenommen, in dem die Anleihe ausgegeben wird. Der Typus ist nicht für die ganze Anleihe einheitlich, sondern für die einzelnen Tranchen etwas verschieden; es ist jedoch vereinbart, daß die Gesamtanleihe im Durchschnitt nur 7¾ % effektiv tragen darf. (In Amerika ist die Nominalverzinsung 7 %, der Begebungskurs 90 %; in England, Holland, Belgien, Schweden und der Schweiz 6 % und 80, in Frankreich und Italien 6½ % und 93.)

Die Rückzahlung erfolgt in zwanzig Jahren. Diese Frist ist dadurch gegeben, daß sowohl die Ententestaaten das Generalpfandrecht, das ihnen laut Friedensvertrag zusteht, wie jene Länder, die Österreich seit dem Zusammenbruch Hilfskredite gewährt hatten, deren Rückzahlung gleicherweise durch zwanzig Jahre zurückgestellt haben. Die Tilgung erfolgt durch Auslosung oder Rückkauf; diese zweite Möglichkeit bedarf aber der Zustimmung des Treuhänders, der für die gesamte Anleihe bestellt ist. Als erster Treuhänder ist der Präsident des Finanzkomitees des Völkerbundes nominiert worden. Eine über die Tilgungsrate hinausgehende vorzeitige Rückzahlung ist erst nach zehn Jahren und dann nur mit Zustimmung des Treuhänders und nach vorausgegangener sechsmonatlicher Kündigung zulässig. — Es ist zugesichert, daß die fälligen Kupons und Schuldverschreibungen auch im Kriegsfalle und ohne Rücksicht auf die Staatsangehörigkeit des Inhabers gezahlt werden.

Die oben erwähnte Garantie der Staaten wird derartig effektiv gemacht, daß die betreffenden Regierungen für den vollen Betrag ihres garantierten Anteils bei der Schweizer Nationalbank Staatsobligationen oder Schatzwechsel hinterlegen, die bezüglich Kapitalverzinsung und Währung mit den garantierten Schuldverschreibungen übereinstimmen. Diese Garantie-Obligationen (Kollateralbons) sind mit den erforderlichen Kupons für die halbjährigen Zinsenfälligkeiten und mit Zahlungsanweisungen versehen. Falls also Österreich die Gelder für eine Fälligkeit nicht rechtzeitig zur Verfügung stellen sollte, können diese bei den garantierenden Staaten einkassiert werden. Diese haben sich hierbei verpflichtet, die Kupons und Zahlungsanweisungen auch dann zu bezahlen, wenn die Inhaber der Schuldverschreibungen Angehörige eines Landes sind, das sich mit der garantierenden Regierung im Kriegszustande befindet.

In Österreich selbst wurde im Juni 1923 ein Teilbetrag von 13 Millionen Dollar aufgelegt, der auch zur Konvertierung der oben erwähnten 6 und 8 %igen österreichischen Goldanleihen von 1922 dient. Dieser österreichische Teilbetrag, der mit besonderen Steuerbegünstigungen versehen ist, wird zu dem Kurs von 93 % aufgelegt, was einer Gesamtverzinsung von 7¾ %, in Ansehung der Tilgung aber von 8 % entspricht. Bei Konversion von Dollar-Schatzscheinen (innere Anleihe vom Dezember 1922) ist der Übernahmskurs noch günstiger, nämlich 91 %.

Durch die gleichzeitig in anderen Ländern, darunter insbesondere auch in Amerika, aufgelegten Teilbeträge erscheint die Gesamtanleihe von brutto 750 Millionen Goldkronen zur Gänze untergebracht; den amerikanischen Anteil von 25 Millionen Dollar hat eine vom Bankhause Morgan geführte Gruppe übernommen.

Inzwischen wurde auch die neue Notenbank organisiert, so daß sie bereits mit 1. Jänner 1923 das Noten-Emissionsgeschäft von der Österreichisch-ungarischen Bank übernehmen konnte. Das neue Institut hat die bis zum 18. November 1922 eskomptierten 2561 Milliarden Staatsschatzscheine als Schuld des Staates übernommen, darf aber nach ihrem Statut weitere Vorschußgeschäfte mit der Regierung nicht eingehen.

Weiter sind umfassende Maßregeln zum Abbau des Standes der öffentlichen Beamten, zur Einschränkung des Apparates der Zentralregierung (z. B. Verringerung der Zahl der Ministerien) durchgeführt. Ebenso ist die im Reformprogramm vorgesehene Erhöhung der Zölle und Einführung der neuen Steuern erfolgt.

Die wichtigste noch bevorstehende Reformmaßregel, nämlich die Loslösung der öffentlichen Betriebe aus der staatlichen Verwaltung und ihre Überführung in eigene Wirtschaftskörper, ist ebenfalls eingeleitet. Der erste Gesetzentwurf, der den weitaus wichtigsten Bundesbetrieb, die Eisenbahn, zum Gegenstande hat, ist Mitte Mai dem Nationalrat vorgelegt worden. Er sieht die Errichtung einer Anstalt öffentlichen Rechtes vor, die juristische Person besitzt und als Kaufmann zu protokollieren ist. Diese Unternehmung soll die Bundesbahnen in treuhändige Verwaltung übernehmen und nach kaufmännischen Grundsätzen betreiben[1].

Wir haben hier in großen Zügen die Maßregeln gekennzeichnet, die die österreichische Regierung seit Ende September 1922 ergriffen hat, um den wirtschaftlichen Zusammenbruch des Staates zu verhindern, der durch den Friedensvertrag von St. Germain aus dem Körper des ehemaligen österreichisch-ungarischen Reiches herausgeschnitten worden war und dem der Anschluß an das Deutsche Reich durch eben diesen Vertrag versagt ist.

Der Niedergang der Währung war nur eine Folge des staatlichen Gebarungsabganges, der dann mit Hilfe der Notenpresse gedeckt wurde. Die Regierung, die diese Zusammenhänge richtig einschätzte, ging daher mit ihrem Sanierungsplan aufs Ganze. Der von ihr inzwischen erzielte Erfolg beweist die Richtigkeit dieser Anlage des Sanierungsprogramms.

---

[1] Der Entwurf ist inzwischen ohne wesentliche Änderungen Gesetz geworden.

Wir wenden uns nunmehr den Einzelheiten der valutapolitischen Aktion zu.

Wir wollen zunächst kurz die behördlichen Eingriffe kennzeichnen, die mit Hilfe der staatlichen Gesetzgebung unternommen wurden.

Ein im Dezember 1921 erflossenes Gesetz, das die Anmeldung der Devisen verfügte und den Ankauf solcher zur Kapitalsanlage und Spekulation, also auch zum Zwecke der Sicherung vor weiterer Geldentwertung verbot und mit schweren Strafen bedrohte, blieb im wesentlichen wirkungslos. Die dem Staate angemeldeten Devisenbeträge waren unverhältnismäßig niedrig.

Ebenso war die während des Krieges schrittweise erweiterte Zentralisierung der Devisenbeschaffung infolge der starken Widerstände, die sich in den Kreisen des Handels und der Bankwelt dagegen geltend machten, wieder abgebaut worden.

Die Not an fremden Zahlungsmitteln, die im Sommer 1922 bis zu einer Bedrohung der Existenz des Staates anwuchs, nötigte aber noch einmal, alle Kräfte des Staates zusammenzufassen, um die Rettung des Ganzen auf Kosten von Einzelinteressen zu versuchen.

Die erste Verfügung erging am 6. Juli 1922. Sie hielt den vorher bestandenen freien Verkehr mit fremden Zahlungsmitteln noch grundsätzlich aufrecht, d. h. jede protokollierte Firma hatte das Recht, bei den Banken, die zum Valutahandel zugelassen waren, fremde Zahlungsmittel ohne Verwendungsnachweis anzukaufen. Desgleichen konnte man Kronenguthaben ohne Nachweis der Verwendung ins Ausland übertragen lassen. Nur das Ausfuhrverbot von Kronennoten wurde aufrecht erhalten. Jedoch wurde der zulässige Devisenbezug für Warenimporte auf zwei Monate beschränkt, wobei die Ware bereits gekauft sein mußte. Der Käufer hatte dem Devisenhändler in einer Erklärung den Verwendungszweck anzugeben; diese Erklärungen waren an die Devisenzentrale zu leiten, der auch das Einlangen der Ware anzuzeigen war. Fand nachträglich die Einfuhr nicht statt, waren die gekauften Devisen der Devisenzentrale sofort anzubieten. Die wesentliche Einschränkung bestand darin, daß der Bedarf nicht mehr für sechs, sondern nur mehr für zwei Monate gedeckt werden durfte.

Schon kurz darauf mußte aber diese Verordnung weitgehend verschärft werden. Am 18. Juli 1922 wurde verfügt, daß der Ankauf von

Devisen nur im Clearing der Devisenzentrale zulässig sei. Man begann damit wieder das System der Repartition der angemeldeten Ansprüche. Ein Verwendungsnachweis wurde noch nicht gefordert. Weiter wurde mit dem freien Devisenhandel auch das börsenmäßige Kostgeschäft in Devisen verboten; bis dahin konnten Besitzer von Devisen diese gegen österreichische Valuta an der Börse verleihen, d. h. sie konnten sich am Markte Kronen beschaffen und dadurch ihre Devisenspekulation finanzieren. Dies wurde nicht mehr gestattet und auch sonst dafür gesorgt, daß die Kredite in Kronen beschränkt wurden.

Da sich auch dieses System als noch nicht ausreichend erwies, erfolgte am 30. Juli 1922 die weitestgehende Einschränkung. Devisen wurden nur nach einer strengen Prüfung der Verwendungszweckes zugeteilt, wobei die Ansprüche im Clearing bis auf 20, teilweise bis auf 10 % der angemeldeten Beträge gekürzt wurden; für Importe, die man einigermaßen unter den Begriff von Luxuseinfuhren einreihen konnte, ist überhaupt keine Zuteilung erfolgt. Parallel damit wurde eine strenge Bewirtschaftung des Kronenverkehrs verfügt, so daß Kronenüberweisungen ins Ausland nur mit Bewilligung der Devisenzentrale zulässig waren. Ungefähr gleichzeitig (20. Juli 1922) wurde auch die Ablieferung von Exportvaluta, also des Gegenwertes der Ausfuhr von Waren oder Wertpapieren, angeordnet.

Die Wirkungen dieser dritten und strengsten Beschränkung waren sehr weitgehend. Die Verfügung war so überraschend getroffen worden, daß sie auch die Devisenzentrale nahezu unvorbereitet traf. Ihr Apparat war für eine so umfassende Kontrollarbeit nicht eingerichtet, und trotz äußerster Beanspruchung der vorhandenen Beamtenkräfte konnten diese den lawinenartig anschwellenden Anforderungen unmöglich genügen. Die vielen Tausende Ansuchen um Devisen, die alltäglich einliefen, konnten nicht rasch genug abgefertigt oder doch nur summarisch, also ohne individualisierende Überprüfung erledigt werden. Der Groll der Kaufmannschaft über die Störung des Geschäftsverkehrs durch die strenge Rationierung der Devisen fand in dieser Mangelhaftigkeit des Apparates eine günstige Angriffsfläche. Die Zeitungen widerhallten von Klagen. Aber die Verordnung erwies sich doch als ziemlich wirkungsvoll: die Einfuhren wurden tatsächlich scharf gedrosselt. Das kam allerdings praktisch der Verhängung eines Schutzzolles gleich und führte zu scharfen Preissteigerungen aller Importwaren auf dem inneren Markte.

Eine strenge Devisenbewirtschaftung mit unzureichender Zuteilung bei gleichzeitiger starker Nachfrage nach ausländischen Waren bewirkt eine empfindliche Verteuerung der betroffenen Artikel. Teilweise war diese nicht unerwünscht, weil sie den Konsum zurückgeschraubt hat; immerhin waren aber bei der weitgehenden Abhängigkeit Österreichs vom Warenbezug aus dem Ausland auch lebenswichtige Artikel davon betroffen.

Die Leistungen, die die Devisenzentrale und ihre pflichteifrige Beamtenschaft in jenen kritischen Wochen aufzuweisen hatte, verdienen besondere Erwähnung.

Ende August trat die Wendung ein. Die Reise des Bundeskanzlers Dr. Seipel zur Genfer Völkerbundtagung ließ doch von neuem die Möglichkeit einer ausländischen Hilfe erkennen. Der Dollarkurs ist vom 30. August auf den 1. September von 77.000 auf 75.850 zurückgegangen, womit die rückläufige Bewegung eingeleitet war. Am 4. Oktober 1922 waren die Genfer Verhandlungen zu Ende und im November die notwendigen Beschlüsse des österreichischen Parlaments gefaßt. Damit machte sich bereits am Devisenmarkte eine fühlbare Erleichterung geltend, so daß mit 1. Dezember die Vorschriften gemildert werden konnten: Tauschgeschäfte in Devisen nach fremder Usance (also ohne den Weg über die österreichische Krone) wurden gestattet und die Ansprüche im Clearing in weit höheren Quoten befriedigt. Der Verwendungsnachweis wurde allmählich weniger streng gehandhabt. Heute (Mitte Juni 1923) erfolgt die Zuteilung nahezu voll; eine Verweigerung von Devisen erfolgt nur für Kapitalsanlagen im Ausland oder zu ausgesprochenen Luxuseinfuhren. Desgleichen ist die Vorschrift über die Ablieferung von Exportvaluta heute praktisch überflüssig; die Exporteure verkaufen ihre Devisen so rasch als möglich, da ein Valutarisiko zur Zeit nicht besteht und für Kronen erheblich höhere Zinsen erzielbar sind als für Westdevisen.

Solange auf dem Devisenmarkt die Nachfrage das Angebot weit überwog, also die Kurse stetig stiegen, war die Aufgabe der Devisenzentrale sehr schwierig. Sie sollte ein zu rasches und zu starkes Emporschnellen der Notierungen verhüten. Zu diesem Zweck hat sie in einer Reihe von Fällen interveniert. Diese Eingriffe zugunsten des Kronenkurses sind nur an ausländischen Plätzen erfolgt und zwar meist an verschiedenen gleichzeitig, um die Intervention möglichst unauffällig zu verteilen. Hiedurch ist auch immer wieder eine gewisse psychologische Wirkung auf die Besitzer gehamsterter Devisen ausgeübt worden, so daß man in der Regel die für die Intervention verbrauchten fremden Zahlungsmittel wieder hereinbekam.

Mit der Genfer Vereinbarung trat eine grundlegende Änderung ein. Es begann nun ein ständiger Zufluß von Devisen aus dem Publikum: das geflüchtete Kapital kehrte zurück. Die erste Periode dieser stärkeren Verkäufe gehamsterter Devisen umfaßte die Monate November und Dezember 1922. Ein Teil der Devisenbesitzer brachte aber auch in diesem Zeitpunkte seine Bestände noch nicht heraus; diese haben — soweit sie bisher überhaupt verkauften — erst nach dem Gelingen der großen Völkerbundanleihe (Mai 1923) ihre Devisen abgestoßen. Hierdurch sind die ausländischen Guthaben der Devisenzentrale (Bankabteilung der Österreichischen Nationalbank) im Juni 1923 so angewachsen, daß man den höchsten überhaupt jemals erreichten Stand zu verzeichnen hatte.

Mit Hilfe der Devisenablieferungen des Publikums und der Anlagen des Auslandes (das in den ersten Monaten 1923 in großem Umfange österreichische Aktien gekauft hat) wäre es unschwer möglich gewesen, die Devisenkurse abzubauen, also deflationistische Politik zu betreiben. Das österreichische Finanzministerium und die Nationalbank haben aber von dieser Möglichkeit bewußt keinen Gebrauch gemacht. Vielmehr wurde nur der Vorsprung abgebaut, den die Devisenkurse Ende August 1922 gegenüber dem inneren Preisniveau offenbar erreicht hatten. Dann aber wurde nur eine Politik der Stabilisierung verfolgt. Wir geben im nachstehenden die Wiener Dollarnotierungen wieder:

30.	August 1922	K 77 000
1.	September	„ 75 850
11.	„	„ 74 550
22.	„	„ 74 250
2.	Oktober	„ 73 800
6.	„	„ 73 375
6.	November	„ 73 300
20.	November	„ 72 550
27.	„	„ 71 250
1.	Dezember	„ 71 050
2.	Jänner 1923	„ 69 875
29.	„	„ 71 350
9.	Feber	„ 71 200
30.	Mai	„ 70 650
14.	Juni	„ 70 650

Wenn wir davon ausgehen, daß die Stabilisierungspolitik mit dem 1. Dezember begann, so sehen wir Schwankungen zwischen 69 875 und 71 350. Gegenüber einem Stabilkurs handelt es sich also um Abweichungen von 1125 nach unten und 350 nach oben; im ganzen um 1475 Kronen, das sind 2 %. Diese Schwankung ist so gering, daß sie gegenüber jenen, die z. B. die tschechische, jugoslawische, ungarische Währung aufweisen, gar nicht in Frage kommt; aber auch im Vergleich zur französischen und italienischen Währung ist die österreichische seit dem 1. Dezember 1922 als vollkommen stabil zu betrachten. Für den

Die Stabilisierung der österr. Währung

der Dollarkurs in Wien

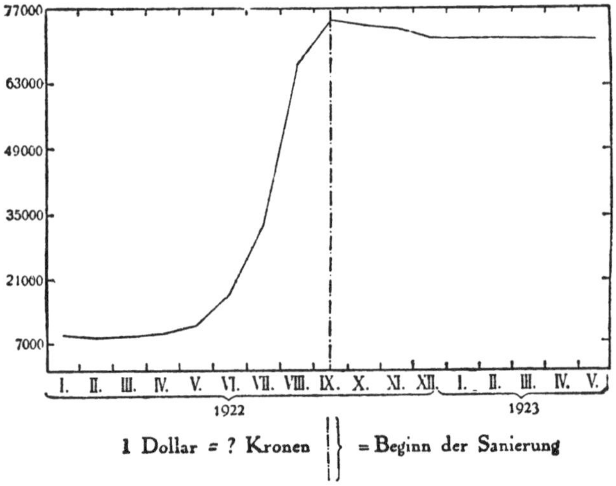

österreichischen Ein- und Ausfuhrhandel besteht daher ein Valutarisiko (von der österreichischen Seite her) in einem nennenswerten Umfange nicht mehr.

Diese Stabilisierungspolitik hatte dreierlei Voraussetzungen: den Entschluß, die notwendigen Mittel und die Einhaltung der richtigen Technik.

Der Entschluß wurde von der Regierung einvernehmlich mit der Nationalbank gefaßt. Er fand in der Öffentlichkeit ganz überwiegend volle Billigung; auch die parlamentarische Opposition war damit umsomehr einverstanden, als sie von einer deflationistischen Kursbeeinflussung eine Schädigung der Interessen der Arbeiterschaft befürchten mußte.

Die erforderlichen Mittel waren anfänglich sehr knapp; man konnte mit ihnen nur dank der strengen Devisenbewirtschaftung ausreichen. In den ersten Monaten (November, Dezember, Jänner) schöpfte man aus den oben erwähnten Restkrediten des Auslandes, dem Liquidations-Gold der Österreichisch-ungarischen Bank sowie aus den Eingängen an gehamsterten Devisen. Im Feber sind dann der Nationalbank 3.5 Mill. Pfund des ersten Kredits (sechsmonatliche Schatzscheine) zugeflossen, gleichzeitig auch reichlicher Devisen aus dem Publikum und vom Exporthandel. Von diesem Zeitpunkte an waren Mittel für die Stabilisierungspolitik hinreichend vorhanden.

Die Technik der Stabilisierung war verhältnismäßig einfach und konnte dank der reichen Erfahrungen der vorangegangenen, viel schwierigeren Zeiten unschwer gehandhabt werden. Da der Kurs der österreichischen Krone im wesentlichen in Wien gemacht wird, kann die Devisenzentrale im Clearing den Kurs dann ohne weiteres regulieren, wenn sie über genügend Mittel (Devisen und österreichische Kronen) verfügt.

Da nun der Nationalbank der Ankauf fremder Zahlungsmittel gegen Kronen statutenmäßig gestattet ist, vermochte sie ein Steigen des Kronenkurses jederzeit durch Aufnahme angebotener Devisen zu verhindern. Privatwirtschaftlich gesehen hat sie hierdurch ihre Interessen weniger gut wahrgenommen; denn sie hätte große Devisenbestände billiger anzukaufen vermocht, als sie sie tatsächlich erworben hat. Die Bank hat aber als Schützer der Währung das Interesse dieser ihrem eigenen vorangesetzt, was volle Anerkennung verdient.

Mit der Stabilisierung der Krone hat die österreichische Valuta bis auf weiteres den Charakter einer mittelbaren, einer quasi-Goldwährung, d. h. einer indirekt auf den Goldschatz der Vereinigten Staaten gestützten Währung. Diese Stellung wird zunächst noch mit geliehenen Mitteln (mit der oben gekennzeichneten Völkerbundanleihe) verteidigt; erst mit der Herstellung des Gleichgewichtes der österreichischen Zahlungsbilanz kann dieser Zustand als dauernder betrachtet werden.

Die heute gegebene Kleinheit der österreichischen Währungseinheit ist neben der Tatsache der Stabilität der Wechselkurse beinahe belanglos. Würde man durch „Zusammenlegen" eine neue Geldeinheit z. B.

gleich 10 000 Kronen schaffen, so wäre die österreichische Valuta-Einheit ungefähr ein siebentel Dollar (gegen ein fünftel vor der Inflation).

In den Monaten größter Devisenknappheit hatte das Noteninstitut absichtlich die Kredite möglichst gedrosselt, um durch Knappheit an österreichischen Zahlungsmitteln spekulative Devisenkäufe einzuschränken. Dieses Moment fiel seither weg, und die Eskomptpolitik des Noteninstituts wird seit Anfang 1923 ohne diese besondere Zurückhaltung gehandhabt. Die Tatsache der weitgehenden Verarmung des Landes, insbesondere der Mangel an Betriebskapital bei Industrie und Handel, kommt nunmehr erst voll zum Ausdruck und ist das hervorstechende Kennzeichen der gegenwärtigen Wirtschaftslage. Die Zinssätze sind auch nach Beendigung der Inflation und Geldentwertung noch abenteuerlich hoch; das „Wochengeld“ an der Wiener Börse kostet etwa $^1/_3$ bis $1^1/_2$ % je Woche. Immerhin macht sich seit Mitte Mai infolge Rückströmens geflüchteten Kapitals und dank großer kommerzieller Kredite, die das westliche Ausland nach Wien legt, doch schon eine Erleichterung fühlbar.

Im übrigen brachten die ersten sechs Monate der Stabilisierung (1. Dezember 1922 bis 1. Juni 1923) ein allmähliches Abklingen jener besonderen Erscheinungen, die als Folgen der Inflation anzusehen sind. Wir befinden uns in Österreich im Stadium eines fortschreitenden Wiedereinrenkens der Wirtschaft, der Rückkehr zu Verhältnissen, die man als „normal“ bezeichnen kann — wobei unter normal nicht „friedensmäßig“ zu verstehen ist, weil 1923 die Voraussetzungen ganz andere sind als zehn Jahre vorher. Insbesondere ist heute das Wirtschaftsgebiet wesentlich kleiner. Die wichtigsten Bezugs- und Absatzgebiete sind Ausland geworden, d. h. man muß mit fremden Währungen, Zöllen, Ein- und Ausfuhrverboten rechnen.

Der Beginn der Stabilisierung hatte zunächst eine Warenabsatzkrise ausgelöst. Die Bevölkerung hatte seit einem Jahre in steigendem Maße Waren aller Art „gehamstert“. Mit dem Rückgang der Preise schlug diese Bewegung in ihr Gegenteil um. Das Publikum war mit Bedarfsartikeln aller Art reichlich versehen; es hörten daher nun nicht nur die Käufe auf Vorrat auf, sondern es unterblieb auch die Deckung des laufenden Bedarfes. Die Kaufleute, die sich bis dahin des Andranges kaum erwehren konnten, fanden nun mit einem Schlag ihre Läden leer. Aufträge an Großhändler und Erzeuger wurden storniert; Waren, die man kurz vorher aus der Hand gerissen hatte, wurden nicht mehr abgenommen.

Die Beschäftigung der Industrie war während der Inflation durch die Exportprämie, die mit dieser verbunden war, umsomehr gesteigert worden, als in Österreich eine Ausfuhrkontrolle oder ein Ausfuhrzuschlag nach deutschem Muster nicht eingeführt war. Die künstliche Exportförderung fiel nun plötzlich weg und gleichzeitig war auch — wie eben dargelegt — die Aufnahmefähigkeit des inneren Marktes rapid vermindert.

Dieses Aufhören der Absatzförderung durch die Inflation hatte naturgemäß eine gewisse Stockung der industriellen Produktion zur Folge. Diese hätte sich aber in einem verhältnismäßig engen Rahmen gehalten, wenn nicht gleichzeitig die immer schärfer einsetzende Entwertung der deutschen Reichsmark eine künstlich gesteigerte Konkurrenz mit sich gebracht hätte, die nicht nur auf den ausländischen Absatzmärkten der österreichischen Industrie, sondern auch hier im Inlande selbst sehr fühlbar war.

Die Zahl der Arbeitslosen schwankte 1921 zwischen 9500 und 16 700; 1922 betrug sie bereits im Jänner 33 000, im Juli 31 000, im Oktober 58 000, November 83 000, Dezember 118 000, dann im Jänner 1923 161 000, Feber 169 000, März 156 000, im Mai aber nur mehr 122 000. Die Löhne sind in dieser Zeit zum Teil etwas gestiegen, in einer Reihe von Betrieben aber abgebaut worden; wesentliche Unterschiede sind zwischen November und April nicht eingetreten. Gewisse vorher zurückgebliebene Kategorien haben Erhöhungen durchgesetzt; bei anderen, insbesondere bei der Metallindustrie, bei der die Konkurrenzunfähigkeit gegen das Ausland besonders hervortrat, ist ein gewisser Abbau eingetreten. So ist z. B. bei einem Dreher der Durchschnitts-Wochenverdienst von 351 000 (Dezember 1922) auf 334 000 (März 1923) zurückgegangen, im April aber wieder auf die Höhe im Dezember hinaufgesetzt worden.

Von besonderem Interesse ist nun die Entwicklung der Preisverhältnisse. Der Index der Lebenskosten fiel von 10332 im Oktober auf 9701 im November und 9375 im Dezember. Damit war man auf dem Tiefpunkt angelangt. In den ersten Monaten des Jahres 1923 bewegte er sich wieder aufwärts[1]:

---

[1] Nachschrift: Im Monat Juli war der Index mit minus 5 % rückläufig.

	Index I	Index II
Januar	9 451	plus 1
Feber	9 601	„ 2
März	10 151	„ 6
April	10 897	„ 7
Mai	11 440	„ 5
Juni	11 513	„ 1

Zieht man aber bei der Indexrechnung I die Kosten der Wohnung nicht in Betracht, sondern nur die Warenpreise (für Ernährung,

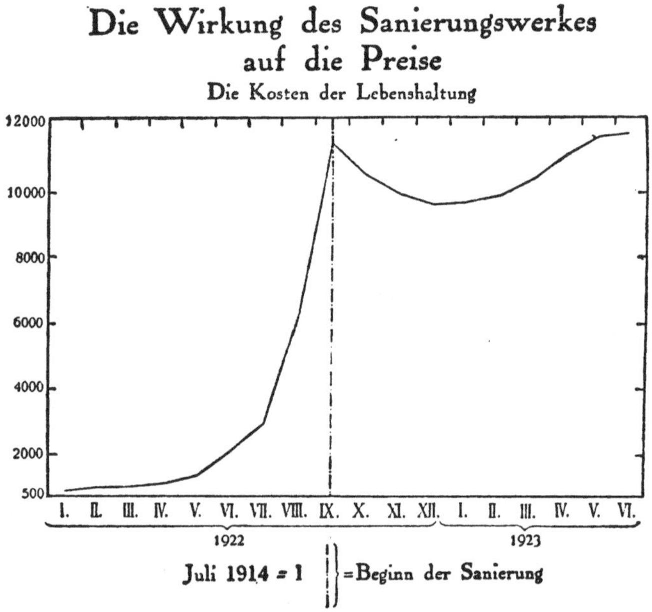

Bekleidung, Heizung und Beleuchtung), so gelangt man im Januar 1923 auf 11 835, im April auf 13 602 und im Juni auf 14 338. Dagegen betrug der Dollarindex im Dezember 1922: 14 313, im April 1923: 14 332 und im Juni 14 316; die Warenteuerung vollzog sich also offenbar im wesentlichen als eine Anpassung an den inzwischen stabilisierten Goldwert der Krone. Hiebei ist jedoch die Verminderung der Kaufkraft des Goldes, d. h. die allgemeine Warenteuerung auf dem Weltmarkt gegenüber 1913/14 nicht zum Ausdruck gelangt (Großhandelsindex im April 1923 in England 158—165, in den Vereinigten

Staaten 148—160); im Vergleich zu 1913/14 müßte die der damaligen Kaufkraft des Goldes entsprechende Goldkronenparität auf ca. 21 000 beziffert werden.

Im Großhandel war die Preisbewegung nicht gleichmäßig: Weizen stieg vom Jänner bis März von K 4050.— auf 4200.—, ging aber im April auf 4031.— zurück; auch Weizenmehl wurde billiger. Eine empfindliche Verteuerung erfuhr Zucker (von K 8700.— auf K 13 700.— im April) und Ochsenfleisch (von K 15 000,— auf K 20 000.— je Kilogramm). Während die Kosten für Bekleidung und Wohnung im wesentlichen gleichblieben und jene für Beheizung und Beleuchtung nur wenig gestiegen sind, haben die Kosten der Ernährung verhältnismäßig stark zugenommen, was vor allem auf die erwähnte Teuerung von Fleisch und Zucker zurückzuführen ist. Zucker hat sich international verteuert, während die Fleischpreise hauptsächlich infolge Sperre der Ausfuhr aus Rumänien hinaufgetrieben wurden.

Mit diesen Hinweisen auf die internationalen Preisbewegungen kann man aber das Problem nicht erschöpfen. Zweifellos haben auch noch andere Momente mitgewirkt. Eine gewisse verteuernde Wirkung hatte jedenfalls die am 1. April eingeführte Warenumsatzsteuer; immerhin hat sich diese dank der geschickten technischen Durchführung (branchenweise Pauschalierung) nur wenig bemerkbar gemacht. Dagegen hat die Aufwertung der Aktienkurse, die an der Wiener Börse zum Durchbruch kam, sicherlich einen weitgehenden Einfluß geübt. Der Aktienindex zeigt folgende Bewegungen [1]:

	1922		1923				
	1. IX.	5. XII.	3. IV.	16. IV.	2. V.	1. VI.	5. VI.
„Gemischte" Transportwerte [2]	1733	872	1285	1541	1574	1633	1672
Valutatransportwerte	1918	1628	1981	2112	2036	1949	1947
Österreichische Bankwerte . .	57	52	139	197	248	250	271
Gemischte Bankwerte	312	186	453	582	705	734	737
Österreichische Industrieaktien	538	336	518	705	744	769	794
Valuta-Industrieaktien . . .	1314	1894	1399	1598	1588	1596	1553
Gesamtindex der Dividendenwerte	1409	1101	1401	1576	1557	1524	1518

[1] „Neue Freie Presse" vom 7. Juni 1923.

[2] Das heißt: teilweise österreichisch, teilweise nationalstaatlich, z. B. tschechoslowakisch.

Nach der amtlichen Statistik ist der Gesamtindex der Aktien von Feber bis Mitte Mai von 751 auf 1284 (und bei Ausschaltung der Montanunternehmungen von 395 auf 671) gestiegen. In diesen Kurssteigerungen kommt zunächst das stark erhöhte Vertrauen in- und ausländischer Kapitalisten zu österreichischen Unternehmungen zum Ausdruck.

Im übrigen handelt es sich da um eine Erscheinung, die in Reaktion auf vorangegangene Erkrankungssymptome eintritt: Der sprunghaft fortschreitenden Geldentwertung zwischen April und Oktober 1922 war der Aufstieg der Aktienkurse keineswegs gefolgt, d. h. die Notierungen während der Katastrophenhausse blieben weit hinter dem inneren Wert der Papiere zurück. Wenn man diesen auch bei Berücksichtigung des „Verwässerungsfaktors" den Friedenskursen gegenüberstellt, so ergibt sich aus den sehr großen Abständen, daß auch die erhöhten Börsenkurse noch immer unter dem Einfluß der Kapitalnot stehen. Die Kurssteigerungen, die seit Anfang April 1923 zu verzeichnen sind, können daher keineswegs allgemein als spekulative Exzesse bezeichnet werden.

Technisch hat sich diese Aufwertung so vollzogen, daß Mittel, die vorher in Devisen angelegt waren, nun in Kronen verwandelt und diese zu Aktienkäufen verwendet wurden. Das zeigt sich auch im Ausweis der Notenbank. Der Bankumlauf (samt den Giroguthaben) stieg von Feber bis Mitte Juni von 4435 auf 5384, also um rund 950 Milliarden. Gleichzeitig nahm der Barschatz sowie der Devisenbesitz der Bank von 1143 auf 2079, also um 936 zu. Der Stand an eskomptierten Wechseln stieg in der gleichen Zeit nur um 103 Milliarden (von 743 auf 846).

Es ist also eine Menge österreichischen Kapitals, das vorher ins Ausland geflüchtet war, in die Heimat zurückgekehrt. Dafür sind Devisen in die Bank gelangt, die diese fremden Zahlungsmittel mit Kronennoten bezahlt hat. Dazu kommt noch ein Import ausländischen Kapitals.

Damit tritt Kaufkraft, die sich vorher im Ausland betätigt hatte, nunmehr in Österreich auf, wo sie sich wohl überwiegend auf dem Aktienmarkt geltend macht. Allerdings ist mit dieser Aufwertung der österreichischen Aktien eine unangenehme Nebenerscheinung verbunden: das Publikum, das mit geliehenem Geld auf das Steigen der Kurse spekuliert, zieht daraus einen (zweifellos unberechtigten) Gewinn. Dies ist volkswirtschaftlich umsomehr bedauerlich, als die so eingeheimsten Gewinne in der Regel sofort konsumiert werden. Hierdurch entsteht eine in den reellen Einkommensverhältnissen nicht begründete Nachfrage insbesondere auf dem Markte der Luxusartikel. Damit wird Kapital, das bereits aus dem Bereiche des unmittelbaren Verbrauches weggebracht, also „erspart" und für produktive Zwecke investiert war, nun doch konsumiert.

Mit dem Ende der Aufwertungsperiode wird diese unerfreuliche Nebenerscheinung der Sanierung allerdings beendigt sein, und gewisse Kaufkräfte, die heute auf bestimmten Gebieten des Marktes auftreten (Luxusverbrauch), werden dann ausbleiben. Das mag vom Standpunkt der betreffenden Industrien zu bedauern, im allgemeinen aber nur zu begrüßen sein.

Der Umlauf von 5,4 Billionen Kronen gleich rund 370 Millionen Goldfranks ist sicherlich weit eher zu klein als zu groß. Die Schweiz mit einer weit geringeren Einwohnerzahl, weniger Industrie, aber dabei größerer Kapitalskraft weist einen Notenumlauf von 800 bis 900 Millionen Franks, die Niederländische Bank 970 Millionen Gulden, die Dänische Nationalbank 460 Millionen dänische Kronen aus. Der Bedarf der ausgebluteten österreichischen Volkswirtschaft an Umlaufmitteln und kommerziellem kurzfristigem Kredit ist daher gewiß bei einem Notenumlauf von etwa 400 Millionen Goldkronen noch unterdeckt.

Die Zuversicht der Bevölkerung kommt neben der Abstoßung der Devisen auch in einer anderen charakteristischen Erscheinung zum Ausdruck. Die Geldeinlagen bei den Wiener Großbanken sowie bei den 18 größten Sparkassen Österreichs hatten im April 1922 einen Goldwert von rund 10 Millionen Goldkronen erreicht. Bis August 1922 stieg der Stand in Papierkronen, aber der Goldwert ging auf den winzigen Betrag von 1,6 Millionen Goldkronen zurück. (In dieser Ziffer kommt die ganze Tragik des Schicksals der kleinen Rentner zum Ausdruck; denn in jenen 27 Instituten betrug der Einlagenstand 1913 nicht weniger als 2351 Millionen Goldkronen.) Anfangs Dezember setzte die rückläufige Bewegung der Devisenkurse ein und sofort begannen auch die Einlagen und damit ihr Goldwert sprunghaft zu steigen: im August betrugen sie 21 Milliarden Papierkronen gleich 1,6 Millionen Goldkronen, im September 31,6 Milliarden Papierkronen gleich 2 Millionen Goldkronen, im Dezember 110 Milliarden = 7,8 Millionen Goldkronen, im April 1923 bereits 225 Milliarden = 15,6 Millionen Goldkronen und Mitte Mai 261 Milliarden = 18,09 Millienen Goldkronen.

Die Sanierung der Staatsfinanzen vollzog sich programmäßig. Nach dem Reformplan des Völkerbundes soll das Defizit im ersten

Das wachsende Vertrauen der österr. Bevölkerung zur Krone

Die Steigerung der Spareinlagen bei den Kreditinstituten in Goldkronen

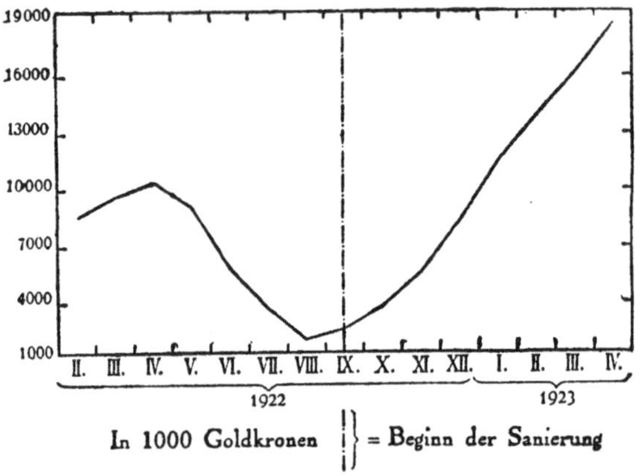

Quartal 1923 auf 1016 Milliarden vermindert sein; tatsächlich betrug es 1019 Milliarden. Auch der Personalabbau nimmt seinen Fortgang: seit dem 1. Oktober 1922 wurden über 36 000 Staatsangestellte ent-

Die Ordnung der Staatsfinanzen

Die Erhöhung des Ertrages der öffentlichen Abgaben in Goldkronen

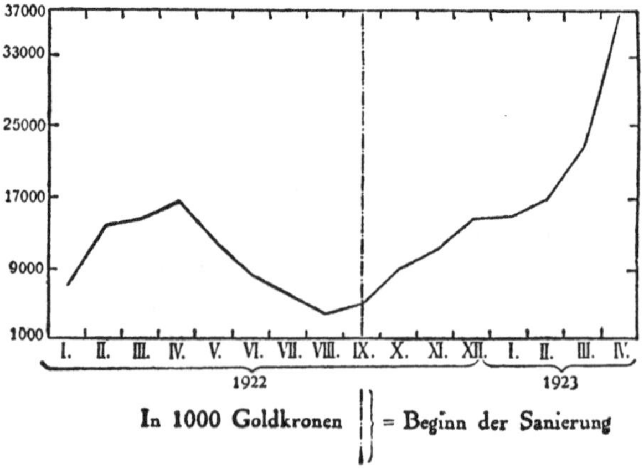

lassen und abgefertigt oder pensioniert. Desgleichen sind die notwendigen Einschränkungen der Sachausgaben durchgeführt.

Ein Staat, der bereits am Rande des Abgrundes stand, hat sich in verhältnismäßig kurzer Zeit wieder aufzurichten vermocht. Dieses bewundernswerte Ergebnis ist das Werk weniger Männer. Sie verstanden es, Kleines klein und Großes groß zu sehen. Vor allem aber blieben sie nicht bei der Erkenntnis stehen. Sie haben nicht nur geredet, sondern gehandelt. Darin ist eine grundlegende Änderung gegen den Geist des alten Österreich eingetreten. In diesem waren die regierenden Kräfte bis zum Tode des Kaisers Franz Joseph sehr unter dem Einfluß der starken Persönlichkeit dieses Monarchen gestanden. Dieser hatte sich aber in den letzten eineinhalb Jahrzehnten, also etwa seit dem siebzigsten Lebensjahre des Kaisers, mehr in einem retardierendem Sinne geltend gemacht. Damit erhielt die Leitung der Staatsmaschine einen Zug ins Greisenhafte. Man pflegte Übel zu erörtern und über die Möglichkeiten von Lösungen zu beraten; aber in der Regel blieb dann alles beim alten.

So erschöpfte sich die Staatskunst des alten Österreich in den letzten fünfzehn Jahren in dem Suchen von Auswegen und in dem Vertagen von Lösungen. Diese geistige Einstellung hat dann auch noch über den Tod des Kaisers Franz Joseph hinaus nachgewirkt. Auch nach dem Umsturz war die innere Politik mehr geschäftig als wirklich handelnd; man war sich vielfach über die Probleme und über die Notwendigkeit ihrer Lösung im klaren, hat aber nichts getan, um durchzugreifen. Man ging am Ufer eines Flusses auf und ab und rief laut, daß man hineinspringen müsse — aber man ist nicht gesprungen.

Bundeskanzler Schober, Seipels Vorgänger, war als Beamter zu wenig politisch stark, um Entscheidendes durchsetzen zu können. Erst als der Führer der größten Partei die Leitung der Regierung selbst übernahm und sich dazu als starke Persönlichkeit erwies, konnte die immer schneller herabrollende Lawine zum Stehen gebracht und sodann mit einer vordem undenkbaren Raschheit die nötigen tief einschneidenden Reformen durchgesetzt werden.

Eine besonders umstrittene Einrichtung im Gefüge der Sanierungsaktion ist die ausländische Kontrolle. Es haben sich aber weder die vielfach befürchteten Einwirkungen im Sinne einer bestimmten politischen Richtung, noch Einflüsse fremder Mächte im Interesse ihrer auswärtigen

Politik geltend gemacht. Dagegen ist das Eingreifen des Exekutivorgans des Kontrollkomitees, des Generalkommissärs, um so stärker bei allen jenen Fragen fühlbar, bei denen es sich um Verringerung der Ausgaben und Steigerung der Einnahmen handelt. Der Generalkommissär, der frühere Bürgermeister der Stadt Rotterdam, faßt seine Aufgabe so auf, daß er als ein hartnäckiger Sparmeister wirkt. Er hat hierzu die Einrichtung allmonatlicher Voranschläge getroffen, die sich als sehr nützlich erwiesen hat.

Es ist gewiß nicht restlos angenehm, wenn die Staatsgewalt eines souveränen Landes mit einer derartigen Kontrolle durch einen unverantwortlichen ausländischen Faktor rechnen muß; aber die Erfahrung zeigt doch, daß diese Einrichtung beinahe unerläßlich war, um die notwendige rasche und tief einschneidende Einschränkung der Staatsausgaben herbeizuführen. Der passive Widerstand der Betroffenen war viel zu stark und machte sich auch gegenüber den Trägern politischer Mandate zu sehr geltend, als daß es ohne eine solche in alle Einzelheiten eindringende und hartnäckig immer wieder mahnende, aber dabei ganz unabhängige Persönlichkeit möglich gewesen wäre, den Umbau des Apparates einer Großmacht zu dem eines Kleinstaates durchzuführen.

Am Ende steht man allerdings vor der großen Frage, ob es möglich sein wird, bis Ende 1924 nicht nur den Staatshaushalt in dauerndes Gleichgewicht zu bringen, sondern vor allem die Zahlungsbilanz soweit zu bessern, daß auch da die Passivität wenigstens im großen Ganzen verschwindet. Nur damit ist die Möglichkeit gegeben, die einmal festgehaltene Parität des Wechselkurses dauernd zu sichern.

Jeder Versuch einer Beantwortung dieser Schicksalsfrage Österreichs bedeutet eine Prophezeiung; es ist dann eine Frage des Temperaments, ob man sich für eine mehr optimistische oder pessimistische Auffassung entscheidet. Die Anzeichen, die der Wirtschaftspolitiker heute feststellen kann, lassen eher eine günstige Beurteilung zu. Der Abgang in der Handelsbilanz ist noch immer sehr groß; ihm stehen aber „unsichtbare Exporte" gegenüber, deren Ausmaß sich statistisch nicht erfassen läßt, die aber sehr erheblich sind.

Entscheidende Bedeutung kommt jedenfalls der allgemeinen Entwicklung in Europa zu. Wird die Möglichkeit neuer Kriege und die damit verbundenen Spannungen beseitigt, und entscheidet sich Amerika, Europa in größerem Umfange als bisher zu finanzieren, dann wird der Handel in Mitteleuropa rasch zunehmen. Die Industrien werden stärker beschäftigt sein, die österreichischen Bahnen und die Schiffahrt auf der Donau werden eine größere Verkehrsdichte aufweisen, die Umsätze der Banken im zwischenstaatlichen Verkehr werden zunehmen. Aus allen diesen Quellen wird die österreichische Wirtschaft gespeist, und sowohl der Staatshaushalt wie die Zahlungsbilanz werden dann aktiv gestaltet werden können. Österreich, das zu wenig Kohle und Getreide besitzt, bedarf des Handels und des Absatzes im Auslande, um Lebensmittel und Heizmaterial kaufen zu können. Österreich ist daher im stärksten Umfange an einer wirklichen Befriedung Europas interessiert. Erst sie vermag der Aktion zur Wiederaufrichtung zu einem dauernden Erfolg zu verhelfen.

Wien, am 20. Juni 1923.

Die griechische Währungsfrage seit 1914.

Von

Dr. E. Pharmakides (Athen),

Chef des Statistischen Bureaus der Nationalbank von Griechenland.

Griechenland hat eine nationale Münze erst nach der Befreiung aus dem türkischen Joch erlangt (1833). Da aber der Umlauf fremder Gold- und Silbermünzen provisorisch gestattet wurde auf Grund falscher Tarifierung derselben, so wurde fast der ganze nationale Münzbestand, der dank einer auswärtigen Anleihe geprägt werden konnte, ins Ausland verschoben. Das bare Geld bestand aus verschiedenartigen fremden, hauptsächlich silbernen, unterwichtigen und unterwertigen Münzen (wie z. B. Maria-Theresia-Taler); aus diesem Grunde befand sich der Wechselkurs über Pari, auch dann, als es keinen Zwangskurs gab. Zur Sanierung dieses ungeregelten Münzzustandes wurde im Jahre 1867 ein Gesetz angenommen, das erst 1882 in Kraft trat: das Gewicht der griechischen Geldeinheit, der Drachme, das laut Gesetz von 1833 aus 4,447 g Silber bestand, wurde nun auf 5 g festgesetzt. Die ausländischen Münzen durften ferner zirkulieren, und zwar auf Grund einer Tarifierung, die für die Goldmünzen ein Disagio zugunsten der nationalen Münze von mindestens ¼%, für die Silbermünzen ein solches von mindestens 1% festsetzte. Später wurden gemäß den Bestimmungen der Lateinischen Münzunion, der sich Griechenland 1868 angeschlossen hat, neue nationale Münzen geprägt, die allmählich die fremden Münzen aus dem Verkehr verdrängten. Trotz dieser Reformen aber konnte die erwünschte Geldsanierung nicht erreicht werden, weil das Land bald nachher einen langdauernden Zwangskurs auf sich nehmen mußte.

Der Kreditumlauf Griechenlands besteht aus Banknoten der „Nationalbank von Griechenland", die im Jahre 1842 gegründet war. Diese Banknoten haben, laut Statut der Bank, „das ausschließliche Recht des Umlaufs in den Provinzen, wo die Bank ihre Filialen hat". Bis vor kurzem waren auch Noten von zwei anderen Banken lokalen Charakters in Umlauf: der Jonischen Bank A.G. (bis 7 Mill. Drachmen) und der Bank von Kreta (bis ca. 10 Mill.). Seit dem 15. Juli 1919[1]

[1] In der ganzen Arbeit werden die Zeitangaben nach dem neuen Kalender, den auch Griechenland seit 1. März 1923 eingeführt hat, gemacht.

aber ging die Bank von Kreta in die Nationalbank auf, und seit dem 9. Mai 1920 hörte das Emissionsrecht der Jonischen Bank auf und ging an die Nationalbank über, die nunmehr die einzige privelegierte Notenbank in ganz Griechenland geblieben ist[1].

Der Zwangskurs besteht in Griechenland seit dem 3. Oktober 1885. Aber auch früher gab es einen Zwangskurs; die Einlösung der Banknoten wurde eingestellt in den folgenden drei Perioden a) vom 17. April bis 2. Oktober 1848, b) vom 12. Januar 1869 bis 28. März 1870, c) vom 30. Juni 1877 bis 13. Januar 1885. Außer der ersten Periode, während der die Maßnahme bekanntlich auch in anderen europäischen Staaten getroffen wurde, als Folge der politisch-wirtschaftlichen Krise von 1848, wurde der Zwangskurs in Griechenland während der drei anderen Perioden auferlegt, nicht zur Hilfe der Notenbanken (deren Emissionspolitik immer vernünftig war), sondern zur Befriedigung der Bedürfnisse des Fiskus, dessen Einnahmequellen äußerst dürftig waren, und zur Deckung der außerordentlichen Ausgaben, die, als Ereignisse der Außenpolitik sie dringend erheischten, nicht ausreichten. Aber auch eine miserable Innenpolitik war die Ursache, daß die volkswirtschaftlichen Quellen und Schätze des Landes nicht gefördert werden konnten, und so äußerte sich die ganze wirtschaftliche Misere in dem teilweisen Staatsbankerott vom Jahre 1893. Der griechisch-türkische Krieg von 1897, der dem Staat neue finanzielle Lasten aufgebürdet hatte, konnte selbstverständlich keine günstigeren Bedingungen zur Sanierung des Geldwesens herbeiführen. Trotzdem aber kam (nach dem Krieg 1898) die griechische Regierung mit ihren Gläubigern in Übereinkunft, und zu dem Zweck der allmählichen Sanierung des Umlaufs nahm sie gegenüber den Regierungen der damaligen sechs Großmächte die Verpflichtung auf, die in Banknoten schwebende Schuld durch jährliche Zahlungen von 2 Mill. Drachmen unter der Kontrolle einer internationalen Finanzkommission zu tilgen; die Verpflichtung ging weiter dahin, daß eine Banknotenausgabe nicht stattfinden darf, außer zur Befriedigung des Geldbedarfs des Verkehrs.

Dem bisherigen Zustand folgte eine Periode fortwährender Besserung. Die unter der Kontrolle der internationalen Finanzkommission herbeigeführte Deflation, die Steigerung der Produktion im eigenen

[1] Provisorisch existieren seit 1918 auch Staatskassenscheine im Umlauf als Scheidemünzen von 2 und 1 Drachme und 50 Lepta.

Land und der Zuwachs der Ausfuhr, die nach dem Krieg 1897 beispiellose Zunahme der Auswanderung nach Amerika und die von Jahr zu Jahr zunehmenden Einnahmen der fabelhaft entwickelten griechischen Handelsflotte — alle diese Faktoren der Verbesserung der Zahlungsbilanz und der Steigerung des Handels und Verkehrs sowie die Stärkung des öffentlichen Kredits führten allmählich und auf natürlichem Wege zu einem vollständigen Schwinden des Agios im Jahre 1909—1910.

Der Hand in Hand mit dem Regime des Zwangskurses gehende Mangel an Elastizität im Geldumlauf zeitigte aber, wie leicht verständlich, zwei äußerst wichtige Erscheinungen: Unstabilität des Wechselkurses und Knappheit an Zahlungsmitteln während der Ernteperiode. Um diesen unliebsamen Erscheinungen zu begegnen, hat man an das Aufheben des Zwangskurses gedacht; da aber diese Maßnahme noch nicht reif wäre, hat man zu dem System des Gold-Exchange-Standard Zuflucht genommen, und so wurde das Gesetz ΓΧΜΒ (Art. 8) am 19. März votiert, auf Grund eines Projektes des damaligen Sous-Gouverneurs und späteren Gouverneurs der Nationalbank von Griechenland J. Walaoritis († 1914), das parallel mit dem Zwangskurse das System des Gold-Exchange-Standard einführte.

Artikel 8 dieses Gesetzes lautet wie folgt:

„Es ist gestattet, daß durch königliches Dekret Konventionen mit der Nationalbank ratifiziert werden, durch welche vereinbart werden kann: a) Die Nationalbank darf auf eigene Rechnung Banknoten herausgeben über die Summe, die laut Gesetzen und Konventionen erlaubt ist, hinaus, zum speziellen Zweck des Ankaufs von Gold und Devisen nicht über Pari; sie ist verpflichtet, das angekaufte Gold und Devisen bis zu ihrer Erschöpfung zu verkaufen, und zwar das Gold zu Pari plus 1 %, die Devisen zu 100,50 Lepta, den Franken auf Paris[1] und die übrigen Devisen nach der Parität des Franken. Die zu diesem Zweck ausgegebenen Banknoten sowie das angekaufte Gold und Devisen werden von der Nationalbank in Spezielllkonten im Passiv und Aktiv gebucht, die sich ausgleichen müssen, der Wert des Goldes und der Devisen auf Pari gerechnet. In der Konvention wird die

[1] Nach der letzten Konvention vom 1. Februar 1919 darf der Kurs der französischen Devise nicht 100,20 überschreiten.

Maximalgrenze dieses supplementären Emissionsrechtes festgesetzt; sie kann aber erhöht werden auf Grund weiterer Konventionen.

b) Es sind Verträge gestattet, die eine Zahlung in effektiven Goldmünzen vorsehen, und es wird die entgegengesetzte Bestimmung des Art. 3 der Konvention vom 2. Okt. 1885 aufgehoben."

Das Gesetz ΓΧΜΒ, zur rechten Zeit angenommen, führte die von ihm erwarteten Resultate herbei. Dank dieses Gesetzes konnte die Nationalbank jede angebotene Quantität Goldes oder Devisen ankaufen und sie wieder frei im Rahmen der Goldpoints verkaufen. Die Stabilität der Wechselkurse wurde auf diese Weise beibehalten und dem Umlauf der Noten eine Elastizität verliehen. Auch die Bank operierte mit Umsicht, indem sie die Ausgabe der Noten in den Grenzen des Normalen hielt. Die guten Resultate des Gesetzes, die man bald gespürt hat, traten während des Balkankrieges (1912—1913) viel deutlicher zutage, weil auch damals, trotz der 1½jährigen Mobilmachung und des Krieges, die griechische Valuta sich fortwährend stabil hielt, und zwar dank der Bestimmungen dieses Gesetzes. Dasselbe nämlich regelte absolut den äußeren Wert der Drachme durch die Auslandsguthaben, die einerseits aus der günstigen ordentlichen Zahlungsbilanz des Landes resultierten, andererseits aus den außerordentlichen Spenden der Auslandgriechen und endlich aus den Staatsanleihen im Auslande, deren Äquivalent die griechische Regierung von der Nationalbank in Banknoten erhielt.

Nach der Votierung des Gesetzes ΓΧΜΒ wurde der Zwangskurs, wie gesagt, nicht aufgehoben. Wenn man aber bedenkt, daß die Form der Nationalbanknoten dieselbe ist, welcher Provenienz sie sein mögen (Zwangskurs auf Rechnung der Bank bzw. auf Rechnung des Staates oder einlösbar laut Gesetz ΓΧΜΒ), daß weiter die Bank faktisch alle ihre Noten in Gold oder Devisen nach Gesetz ΓΧΜΒ einlöste (solange ein Vorrat an Gold oder Devisen vorhanden war) und daß endlich diese Vorräte seit 1910 von Jahr zu Jahr erhöht wurden, so wird man leicht verstehen, daß Griechenland sich de facto im Regime des Gold-Exchange-Standard und nicht im Regime des Zwangskurses befand.

Kurz vor Ausbruch des Weltkrieges, d. h. am 28. Juli 1914, war der Umlauf in Griechenland wie folgt:

Kreditumlauf	255	Mill. Drachmen
Metallgeld (geschätzt) . . . ca.	100	„ „

und die Wechselkurse:

	auf Paris	auf London	auf Neuyork	auf Genf	
13. Juli 1914	$100^1/_8$	25,22½	5,20	100	Dr.
28. „ 1914	$100^1/_8$	25,20	5,18½	$100^1/_8$	„

Während des Weltkrieges konnte die griechische Währung eine Stabilität ihres Wertes aufweisen. Solange das Land sich in strikter Neutralität befand, war dies Phänomen leicht begreiflich, wie auch in den anderen neutralen Staaten, von denen einige (z. B. Spanien) aufblühten, als ob die Hämorrhagie der sich zerfleischenden Länder als Stärkungsmittel zur Förderung der Volkswirtschaft der neutralen Länder gedient hätte. Seitdem aber Griechenland aus der Neutralität heraustrat, und noch dazu umwühlt durch politische Kämpfe im Innern und durch eine Mobilmachung in der Produktion geschädigt, konnte auch nicht ausbleiben, daß das Phänomen der Stabilität der griechischen Valuta die Blicke auf sich lenken mußte. Einige wollten diese Stabilität als eine künstliche erklären, als Folge der Finanzunterstützung seitens der Entente-Großmächte. Andere wieder nahmen an, daß die Stabilität der beste Beweis der blühenden Volkswirtschaft des Landes war, da eben Griechenland auch während des Weltkrieges wirklich keine andere Unterstützung seitens der Alliierten bekam als nur Kriegsmaterial für den gemeinsamen Kampf [1]. Andere endlich scheuten sich nicht, nach dem Valutasturz ab Sommer 1919 einen Bankerott des Systems des Gesetzes ΓΧΜΒ anzunehmen und die bekannten Argumente gewisser Metallisten wiederzukauen.

Wir glauben, daß das System des Gold-Exchange-Standard in Griechenland nicht fehlgeschlagen hat; es ist im Gegenteil während des langdauernden mörderischen Krieges Gelegenheit geboten worden, alle seine Vor- und Nachteile zutage treten zu lassen. Aus diesem

[1] Speziell bekam Griechenland: 6540000 £ von der britischen Regierung, 15000000 $ von den Vereinigten Staaten Amerikas und ca. $ 7500000 von der kanadischen Regierung für Getreidelieferung, also im ganzen ungefähr 280 Mill. Goldfranken. Andererseits aber hat Griechenland selbst eine Summe von ca. 310 Mill. Dr. (Kapital und Zinsen) für den Unterhalt der französischen Armee in Mazedonien ausbezahlt. Diese zwei Summen kompensieren sich aber ungefähr, wenn man den damaligen Wechselkurs, als dieser Betrag an Drachmen vorgeschossen wurde, in Betracht zieht, so daß von der Außenhilfe effektiv nichts anderes bleibt als die Verproviantierung mit einer bestimmten Menge Munition, deren Rückzahlung erst nach Kriegsende und je nach der finanziellen Lage Griechenlands bestimmt wird.

gewichtigen Grunde halte ich es für nicht ganz zwecklos, wenn ich mich in diesem Beitrag ganz kurz mit der ganzen Entwicklung dieses Systems seit 1914 befasse. Aus der Schilderung wird man ersehen, welche Gründe günstig eingewirkt haben, und gleichzeitig, warum seit dem Sommer 1919 ein Valutasturz eingetreten ist, und man wird endlich zugeben müssen, daß kein Geldsystem imstande wäre, die Stabilität der Valuta mitten in einem langdauernden Kriege zu sichern. Wir werden weiterhin sehen, wie das Gebäude des Gesetzes ΓΧΜΒ allmählich untergraben wurde bis schließlich das Funktionieren des Systems aufhörte.

Während und nach dem Weltkriege.

a) Während der Neutralität Griechenlands.

Die Annahme des Zwangskurses in den europäischen Staaten, das Verbot der Goldausfuhr, die Einführung des Moratoriums usw., alles Folgen des Krieges, hatten auch auf Griechenland ihre Rückwirkung ausgeübt in bezug auf das uns interessierende Thema. Die in diesen Ländern als Bankguthaben verteilten Disponibilitäten nach Maßgabe des Gesetzes ΓΧΜΒ befanden sich plötzlich unter örtlich teilweiser Immobilisierung, die zweifelsohne den Wechselkurs für Griechenland ungünstig beeinflussen würde. Trotzdem war, dank des Systems des Gesetzes ΓΧΜΒ, von dieser unerwünschten Wirkung nichts zu merken, da die Nationalbank die Möglichkeit hatte, jede Nachfrage nach Devisen zu befriedigen, weil eben die Auslandsguthaben in allen wichtigen Ländern verteilt waren, mit denen Griechenland Handelsbeziehungen pflegte. Und so hat der Kurs des Franken gegen Paris das Pari nicht überschritten in dem Moment, wo die französische Valuta ein Agio aufwies gegenüber den Devisen fast aller übrigen Länder.

Die Goldausfuhr wurde auch in Griechenland verboten (königliches Dekret vom 2. August 1914) und gleichzeitig bestimmt, daß alle Verpflichtungen in Gold durch Banknoten des Gesetzes ΓΧΜΒ, auf Pari berechnet, zu erfüllen sind (Gesetze Nr. 382, 987 und 1414)[1]. Um den Goldvorrat (von ca. 11 Mill. Franks) zu schützen, ohne das Gesetz zu ändern, hatte die Nationalbank mit Erlaubnis der Regierung das Gold

[1] Wie gesagt, diese Noten waren einlösbar in Golddevisen, wie vor dem Krieg in französischer Valuta, die das Gesetz ΓΧΜΒ als Basis der festgesetzten Parität festlegt.

auf ihren eigenen Goldvorrat übertragen und statt dessen die gleiche Summe in Devisen gegeben, so daß die Deckung der Banknoten des Gesetzes ΓΧΜΒ seit August 1914 ausschließlich aus Devisen bestand. Seit Februar 1915, als die französische Valuta eine Entwertung erfahren hatte, wies der Außenwert der Drachme bis Mai 1915 dieselbe Kurve wie der Frank auf, weil sich die Wechselkurse in Griechenland auf Grund der Parität zum Franken regelten, wie das Gesetz ΓΧΜΒ bestimmt. Dieses Gesetz aber, angenommen im Jahre 1910, wonach die Nationalbank den Frank zu höchstens 100,50[1] verkaufen muß, bezog sich auf den Goldfrank und nicht auf die Zwangskursbanknoten.

Auf Grund dieser richtigen Auffassung der Gesetzesbestimmung, deren Ausführung wegen der äußerst günstigen Zahlungsbilanz des Landes möglich und angezeigt war, hat die Nationalbank in Übereinstimmung mit der Regierung beschlossen, den Außenwert der Drachme auf die Goldparität zurückzuführen und festzuhalten. Nachdem später eine Zeitlang das Niveau des Außenwertes der Drachme zwischen dem des Pfunds und dem des Dollars geschwankt hatte, richtete sich seit der zweiten Hälfte des Jahres 1916 die Regelung der Wechselkurse in Griechenland nunmehr auf die Parität zum Dollar. Diese Währungspolitik dauerte 3 Jahre lang, bis Sommer 1919.

Der Umlauf hatte inzwischen zugenommen (wie man aus der Tabelle weiter unten entnehmen kann). Im ersten Jahr aber hatte der Umlauf soviel zugenommen, als für den Ersatz des allmählich aus dem Verkehr gezogenen baren Geldes[2] nötig war. Die Ausdehnung des Emissionsrechtes der Nationalbank war deswegen durchaus begründet, als durch Gesetz 656 vom Februar 1915 die Nationalbank autorisiert wurde, den Zwangskursnotenumlauf auf ihr Konto um 80 Millionen zu erhöhen. Seit September 1915 aber schritt die Erhöhung des Notenumlaufes in riesigen Schritten vorwärts, was hauptsächlich auf die Ankunft der alliierten Armeen an der mazedonischen Front zurückzuführen war; die Ausgaben der alliierten Armeen nämlich benötigten eine Vermehrung der Zahlungsmittel, und um diesen zu genügen, hatte die Nationalbank Noten ausgegeben, gedeckt laut Gesetz

---

[1] 100,20 nach der Konvention vom 1. Februar 1919.

[2] Bares Geld zirkulierte nach 1910 in ansehnlichen Mengen im Land, nachdem das Goldagio verschwunden war.

ΓΧΜΒ durch französische, englische und italienische Banknoten oder Devisen. Während des zweiten und dritten Kriegsjahres, als das Land weder die Vorteile der Neutralität genoß noch alle Lasten des Kriegszustandes spürte (weil die Provinzen Altgriechenlands bis zum Sommer 1917 an dem Krieg nicht teilgenommen hatten), entwickelte sich der Umlauf in Griechenland wie folgt:

Datum	Noten der Nationalbank im Umlauf	Disponibilitäten der Bank in Gold u. Devisen oder Auslandsguthaben nach Abzug ihrer Verpflichtungen in Gold und Devisen	Verhältnis der Deckung zum Gesamtbetrag der Banknoten
1914 Dez.	(gr. K.) 253 Mill. Drachm.	(gr. K.) 116 Mill. Drachm.	46 %
1915 „	379 „ „	274 „ „	72 „
1916 „	555 „ „	491 „ „	88 „
1917 „	848 „ „	896 „ „	105 „

Die Wechselkurse andererseits waren wie folgt:

	auf Paris	auf London	auf Neuyork	auf Genf
	(griechischer Kurs) Drachmen			
1914 Ende Dezbr.	$100^1/_4$	25,20	5,25	$100^1/_4$
1915 „ „	$88^3/_4$	24,80	$5{,}27^1/_2$	$100^1/_2$
1916 „ „	88	24,55	$5{,}18^3/_4$	$100^1/_2$
1917 „ „	$90^1/_2$	24,65	5,17	120

b) Nach der Neutralität.

Als nach Juni 1917 ganz Griechenland in den Krieg eintrat, hatte es für die Sicherstellung der finanziellen Mittel zu sorgen, um den Krieg mit allen Kräften des Landes zu führen. Die finanziellen Mittel des Landes zur Führung eines Krieges, dessen Dauer und Entwicklung unabsehbar waren, galten als ungenügend, wie es auch bei allen kleineren kriegführenden Staaten der Fall war. Deswegen wurde zwischen der griechischen Regierung und den Regierungen von Frankreich, England und der Vereinigten Staaten ein Abkommen getroffen, dahingehend, daß diese drei Regierungen Griechenland, außer dem nötigen Kriegsmaterial, auch finanzielle Unterstützung geben — d. h. Zuschüsse in gleicher Höhe, zusammen bis 750 Mill. Franken für das Jahr 1918. Diese Kredite waren dazu bestimmt, „daß Griechenland aus dem Innern die nötigen Mittel schöpfen kann, d. h. durch Ausgabe von Banknoten, für die die Kredite der Alliierten als Deckung dienen sollten", die sechs Monate nach Friedensschluß frei gebraucht werden durften, inzwischen aber nur unter bestimmten Voraussetzungen und Einschränkungen. Die griechische Regierung verpflichtete sich gleichzeitig, Maßnahmen gegen die Kapitalausfuhr zu treffen. Durch ein weiteres Abkommen mit England und Frankreich sollte die griechische Regierung auch ihrerseits den genannten Regierungen 250 Mill. Drachmen für das Jahr 1918 geben für die Ausgaben der englischen und französischen Armeen im Orient. Im Mai 1919 wurden zwei weitere Abkommen getroffen zwischen Frankreich und England einerseits und Griechenland andererseits, wonach 1. diese zwei Mächte Griechenland je zur Hälfte einen Kredit in der Höhe von 100 Mill. Franken geben sollten, 2. Griechenland seinerseits den Regierungen von Frankreich und England die nötigen Drachmen geben sollte für die Ausgaben der alliierten Armeen bis zum 30. Juni 1919.

Zur Ausführung der obengenannten Abkommen hatte die griechische Regierung ab November 1917 eine Devisenkontrolle eingeführt, die nach dem Frieden von Sèvres, August 1920, aufgehoben, zehn Monate nachher aber unter einer anderen Form wieder eingeführt wurde. Die griechische Regierung bekam also von der Nationalbank die vorgesehene Summe von 850 Mill. Drachmen, und zu diesem Zweck hatte die Bank allmählich Banknoten bis zu dieser Höhe ausgegeben, gedeckt durch die seitens der Alliierten versprochenen Kredite. Weiter wurden von der Bank 266 Mill. Drachmen mehr ausgegeben, die als Anleihe an die Regierungen Frankreichs und Englands abgegeben wurden.

Um diese Notenausgaben im Rahmen des Mechanismus des Gesetzes ΓΧΜΒ zu vollziehen, das, wie gesagt, eine Deckung in Gold oder Devisen ausdrücklich verlangte, mußten die Grenzen des Gesetzes erweitert werden. Zu diesem Zweck wurde von der Kammer eine spezielle Verordnung als Zusatz zum Art. 8 des Gesetzes ΓΧΜΒ votiert, die folgendermaßen lautet:

Artikel 8a. „Die Nationalbank ist berechtigt, Banknoten auszugeben gemäß Bestimmungen des vorigen Artikels[1], auf Grund von Krediten bei den Schatzämtern Englands, Frankreichs und der Vereinigten Staaten von Amerika, die von der griechischen Regierung

[1] Artikel 8.

auf die Bank übergehen, oder auf Grund von Krediten, die die genannten Schatzämter zugunsten der Nationalbank bei Banken der betreffenden Länder eröffnen. Im Falle eines Disagios der Devisen gegenüber der griechischen Drachme werden die Devisen sowohl als auch die im vorigen Paragraph erwähten Kredite im Aktiv der Nationalbank zu Pari verbucht, während die Differenz zwischen diesen und den herausgegebenen Banknoten im Passiv der Nationalbank gebucht werden unter der Rubrik „Differenz in den Disponibilitäten gemäß Art. 8a des Gesetzes ΓXMB". Die Gewinne und Verluste aus den Fluktuationen dieser Differenz in den vom ersten Paragraphen dieses Artikels vorgesehenen Fällen werden zugunsten oder zur Last der griechischen Regierung gebucht. Der Gewinn oder der Verlust werden im Moment der Realisierung der Kredite von der Nationalbank bestimmt durch Verkauf der betreffenden Devisen."

Es ist klar, daß eine solche Geldpolitik, wie sie zur Ausführung des Kriegsfinanzprogramms der Regierung ausgeübt wurde und sich in den oben erwähnten Abkommen mit den Alliierten widerspiegelt, von vornherein bestimmt war, all die bekannten Folgen einer Inflation zu zeitigen. Da aber die zur Kriegführung nötigen Mittel, und zwar die für die dringendsten Ausgaben der Regierung, nicht ausfindig gemacht werden konnten (weder durch eine innere Anleihe, noch durch Besteuerung), so war die Zuflucht zur Banknote unabwendbar. Die Ausgabe also von in Devisen einlösbaren Banknoten bildete die den Umständen nach bestmögliche Kombination zur Unterstützung des Außenwertes der Drachme. Wie wir aber weiter unten sehen werden, geschah es noch wider Erwartung, daß im Moment der Realisierung und Benützung dieser Deckung bloß ein kleiner Teil, fast ein Drittel, zur Verfügung Griechenlands gestellt wurde, da die Regierungen Englands, Frankreichs und der Vereinigten Staaten die Bereitstellung des Restes in unerhörter Weise verweigert haben.

Beim Waffenstillstandsschluß 1918 belief sich der Umlauf in Griechenland auf ca. 1216 Mill. Drachmen (d. h. auf 200 Drachmen pro Einwohner, gegenüber 62 Drachmen im Jahre 1913). Der Binnenwert der Drachme war um ein Viertel gefallen, der Außenwert dagegen hielt sich auf dem Niveau des Dollars, auf Grund dessen die Kurse der übrigen Devisen laut Gesetz ΓXMB sich regelten. Es ist aber bemerkenswert, daß seit Anfang des Jahres 1918 die Reserven dieses

Gesetzes in Devisen und Auslandsguthaben, die nicht aus den Staatskrediten herkamen, sich beständig verminderten. Dieses war ein Beweis, daß die Zahlungsbilanz des Landes günstig war bis Ende 1917, sich aber ungünstig gestaltete seit dem Jahre 1918. Man hat aber gehofft, daß diese ungünstige Wendung eine vorübergehende sein würde, und daß nach Kriegsbeendigung wieder die frühere günstige Zahlungsbilanz eintreten würde, und endlich, daß die Devisenreserven, die sich Ende des Jahres 1918 auf 1495 Mill. Franken beliefen, genügen würden, um das Bilanzdefizit zu decken und den Außenwert der Drachme auf Dollarparität zu sichern.

Auf Grund dieses Optimismus und zwecks Erhaltung eines leichten inneren Geldmarktes, damit der Fiskus neue Quellen ausfindig machen kann, hat man weiter mit der Politik der Erhaltung des Außenwertes der Drachme auf dem Niveau des Dollars operiert auf Kosten der Auslandsreserven, ohne den Notenumlauf auf eine den verminderten Auslandsreserven entsprechende Summe zn beschränken. Zu diesem Zweck deckte die Nationalbank das Bilanzdefizit, indem sie Wechsel aus den auf ihrer eigenen Rechnung vorhandenen Disponibilitäten verkaufte, und nicht, wie sonst angezeigt war, aus den Disponibilitäten des Gesetzes ΓΧΜΒ, in welchem Fall sie verpflichtet wäre, eine entsprechende Banknotensumme aus dem Umlauf zurückzuziehen. Auf diese Weise aber, und nachdem sich einmal die Währungspolitik des Landes in der Absicht, die Banknotenausgabe mit einfachen Krediten (anstatt Gold oder disponibeln Auslandswechseln) als Deckung zu erleichtern, aus den Grenzen des Gesetzes ΓΧΜΒ entfernt hatte, entfernte sie sich noch weiter, indem sie das Elastizitätsprinzip des Umlaufs nicht respektierte in einem für die Verminderung des Umlaufs günstigen Moment. Das Resultat war, daß das Agio ab August 1919 unabwendbar wurde, als Folge der Inflation. Die Noteninflation, die Vermehrung des Einkommens aus den Kriegsausgaben der Regierung, das bis jetzt nur langsam und leicht von der erhöhten direkten Besteuerung betroffen wurde, ferner die Flüssigmachung eines großen Teiles des Kapitals (namentlich Handelsflotte), erleichterten die Vermehrung der Konsumkraft des Volkes. Wie es auch in allen vorher kriegführenden Ländern Europas beobachtet wurde, vermehrte sich die Einfuhr nach dem Waffenstillstand ungeheuerlich, und ein nennenswerter Transit fand noch dazu statt zur Verproviantierung der Nachbarländer (Serbien, Bulgarien, Rumänien, Türkei, Südrußland), sei es auf Kredit, sei es auf Zahlung mit entwertetem Gelde dieser Länder, so daß ein Betrag von ca. 200 Mill. Franken von den disponibeln Auslandsreserven immobilisiert wurden in Form von Forderungen auf die genannten Länder oder in entwerteten Valuten.

Auf diese Weise wurden fast alle bei der Bank laut Art. 8 des Gesetzes ΓΧΜΒ vorhandenen Auslandsreserven erschöpft zur Deckung des Handelsbilanzdefizits, das sich auf 437 Mill. Drachmen im Jahre 1918 und auf 555 Mill. Drachmen während der ersten neun Monate des Jahres 1919 belief. Von Dezember 1919 ab begann die Benützung der laut Art. 8a des Gesetzes ΓΧΜΒ vorhandenen Auslandskredite. Da es aber klar war, daß auch diese sich erschöpfen würden, bevor noch das Land in die Friedensperiode eingetreten wäre, und da die Finanzsolidarität unter den Alliierten, wie bekannt, seit März 1919 tatsächlich aufhörte und die damals ausgebrochene schwere Krisis der Valuten die Zuflucht an den internationalen Markt äußerst erschwerte, so hielt es die Regierung für zweckmäßig, die Benützung der Reserven dieses Gesetzes zu beschränken. Zu diesem Zweck sind ab Februar 1920 zwei wichtige Reformen vorgenommen worden. a) Es wurde bestimmt, daß die Auslandsreserven des Gesetzes ΓΧΜΒ fast ausschließlich zum Ankauf von Nahrungsmitteln und Kohlen zu gebrauchen sind sowie auch zu Zahlungen für Verproviantierungen und sonstigen Verpflichtungen der Regierung im Auslande. b) Es wurde bestimmt, daß die Kurse zum An- und Verkauf von Auslandswechseln auf Rechnung des Gesetzes ΓΧΜΒ von einer Kommission festgesetzt werden müssen, die aus dem Finanzminister, dem Minister für Nationalwirtschaft und dem Gouverneur der Nationalbank bestehen sollte[1].

Nach den Gesetzen 987 und 1414, durch die die Einlösung der Banknoten dahin eingeschränkt wurde, daß sie nur durch Devisen (und nicht auch frei und in Gold, wie früher) vor sich gehen soll, und nach der Einführung der Devisenkontrolle ab November 1917, die effektiv auch eine Einschränkung der Einlösung in Devisen zur Folge hatte, wurde nun die Einstellung der Noteneinlösung selbst in Devisen erweitert durch die oben erwähnte, seit Februar 1920 eingeführte Modifikation des Gesetzes ΓΧΜΒ. Eine weitere Entwertung der Drachme wäre deswegen die wahrscheinliche Folge gewesen, wie sie auch tatsächlich

[1] Diese Modifikation war gültig bis Ende des Jahres 1921. Seitdem wurde sie nicht erneuert.

gleich vom nächsten Tage ab eintrat. Während des Jahres 1920 aber gestaltete sich die Lage noch ungünstiger, und sie verschlimmerte sich noch zusehends während der Jahre 1921 und 1922.

Nach dem Waffenstillstand 1918 hörte Griechenland nicht auf, auf Kriegsfuß zu stehen. Im Zeitpunkt eben der höchsten Universalfinanzkrisis mußte Griechenland seinen Kriegsausgaben in Kleinasien genügen mit einer nur minimalen Außenhilfe (Überlassung bestimmten Kriegsmaterials seitens Frankreichs und Englands auf Kredit) im Jahre 1920, und ganz ohne Hilfe in den Jahren 1921 und 1922, als Griechenland sich genötigt sah, zur Durchführung des nicht nur ihm dienenden Vertrages von Sèvres in Kleinasien einen neuen Krieg unter den ungünstigsten politischen und finanziellen Bedingungen gegen die Türkei zu führen. Zur Deckung der neuen kolossalen und dringenden Ausgaben der Regierung mußte eben zur Vermehrung der Notenausgabe mit Zwangskurs gegriffen werden. Zu diesem Behufe wurde die Nationalbank wiederholt autorisiert, den Umlauf an Zwangskursbanknoten zu erhöhen, und zwar:

im Juni	1920	um	300	Mill.	Drachmen
„ Oktober	1920	„	400	„	„
„ April	1921	„	500	„	„
„ Februar	1922	„	550	„	„
„ November	1922	„	600	„	„
„ März	1923	„	750	„	„
„ „	1923	„	300	„	„

Inzwischen (am 7. April 1922) wurde eine Zwangsanleihe von 1600 Mill. Drachmen angenommen durch Zweiteilung der Banknoten! Die im Umlauf und in den Kassen der Bank befindlichen Banknoten (ca. 3100 Mill. Drachmen) wurden geteilt: der eine Teil blieb im Umlauf als Banknote (und repräsentierte die Hälfte des ursprünglichen Wertes)[1], der andere Teil (der Wappen-Στέμματα) bildete den provisorischen Titel der Anleihe mit einem Zinsfuß von 6½%[2]. Der Staat kassierte die Anleihe in Noten der Nationalbank, deren maximales Emissionsrecht unvermindert blieb (ca. 3100 Mill. Drachmen), ein.

---

[1] Text des entsprechenden Gesetzes s. in E. Pharmakides: „La situation monétaire en Grèce". Revue Economique Internat. Bruxelles. Déc. 1922.

[2] Diese halbierten Banknoten sind schon durch neue ganze ersetzt.

Es ist bemerkenswert, daß, trotzdem die Hälfte des umlaufenden Geldes mit einem Schlag paralysiert wurde, das Publikum diese schwere Maßnahme mit Humor zu akzeptieren schien und sich leicht den Bestimmungen des Gesetzes, die „Stemmata" nicht mehr als Tauschmittel gebrauchen zu dürfen, unterwarf, in der Annahme, diese Maßnahme diene dem Wohl des Vaterlandes.

Was die wirtschaftlichen Folgen dieser Zwangsanleihe anbelangt, so muß man bemerken, daß, trotz aller Voraussagen ihrer Gegner, dieselben viel milder ausfielen, als es der Fall gewesen wäre mit einer plötzlichen Vermehrung der Banknoten um 50%. Dennoch aber waren die Folgen der Zwangsanleihe ziemlich schwer. Das Vertrauen des Publikums an die Banknote gewann selbstverständlich durch die Halbierung nicht, und die plötzliche Einschränkung des Umlaufs führte, wie zu erwarten war, eine solche des Verkehrs herbei; auch machte sich eine Rückwirkung an der Börse bemerkbar durch einen provisorischen Sturz der Werte um 30% im nächsten Vierteljahr. Zu diesem Sturz trug nicht nur die Einschränkung des Umlaufs bei, sondern auch die beständige Erhöhung der Verzinsung der Zwangsanleihe, deren provisorischen Titel im August 1922 bis auf 60 Drachmen (statt 100) fielen und später (Oktober bis November 1922), nach der Katastrophe in Kleinasien, bis auf 38—40 Drachmen[1].

Ungefähr zwei Monate nach der Zwangsanleihe trat auch eine beträchtliche Steigerung der Wechselkurse ein; diese aber darf nicht, wie einige meinen, auf die Zwangsanleihe zurückgeführt werden. Im Gegenteil, die Steigerung der Wechselkurse wäre noch größer, wenn die Einschränkung des Umlaufs durch die Zwangsanleihe nicht vorausgegangen wäre. Diese Verschlechterung der Valuta ist darauf zurückzuführen, daß das Bankkonsortium, dem man seit Juni 1921 das ausschließliche An- und Verkaufsrecht von Devisen übertrug, sein ursprüngliches (Devisen) Kapital von ca. 1600000 £ erschöpft hatte und zwei Wochen lang allen Verkauf an den Handel und das Publikum einstellte. Um das Konsortium wieder zu stärken, mußte die Regierung 1 Million Pfund zu seiner Verfügung stellen und, um diese Million Pfund zu schaffen, wurde der Bank von England aus dem baren Bestand der Nationalbank Gold in Höhe von 25 Millionen Franks als Pfand übergeben. Nach Erschöpfung auch dieser Reserve wurde das

[1] Heute stehen sie auf ca. 80 Dr.

Konsortium am 12. Oktober 1922 abgeschafft. Diese Tatsache und noch dazu die Verschlimmerung der Lage des Landes infolge der kleinasiatischen Katastrophe, die einen neuen schweren Bedarf an Devisen schuf (zur Reorganisierung und Verproviantierung der Armee und zur Fürsorge von ca. 1 Million armer Flüchtlinge) und den öffentlichen Kredit erschütterte — alle diese Tatsachen hatten zur Folge, daß die Wechselkurse seither das Bild einer aufsteigenden Kurve zeigen. Seit August 1922 bis heute (März 1923) ist die Drachme um ca. 300% entwertet, obwohl seit März 1922 der Umlauf nur um 44% sich vermehrt hat mit einer parallelen Bevölkerungszunahme (Flüchtlinge!) um ca. 20%.

Das Emissionsrecht der Nationalbank beläuft sich:

I.	auf Rechnung der Regierung auf . .	44951915	Dr.
II.	auf eigener Rechnung der Bank auf	3563405000	„
III.	auf Rechnung des Gesetzes ΓΧΜΒ auf	1400000000	„

Außerdem noch:

a) „Wenn die von der Nationalbank zwecks Ausbezahlung der fälligen Staatskassenscheine[1] ausbezahlte Summe nicht rechtzeitig vom Staat deponiert wird, so ist die Bank berechtigt, über die laut Gesetz und Konventionen vorgesehene Maximalgrenze hinaus Banknoten in gleicher Höhe der obenerwähnten Leistung herauszugeben. Die Bank ist verpflichtet, diese Ausgabe zu mindern, indem sie aus der Zirkulation die gleiche Summe zieht, die vom Staat auf seine, im vorigen Paragraphen erwähnte Schuld hin ausbezahlt wird.“ (Konvention vom 11. November 1922 Art. 7.)

b) Es ist der Nationalbank von Griechenland erlaubt, über die laut Gesetze und Konventionen vorgesehene Maximalgrenze hinaus Banknoten herauszugeben zum speziellen Zweck des Devisenankaufs auf Rechnung des Staates, sofern sie selbst annimmt, ihre eigenen Disponibilitäten zu diesem Zweck nicht benützen zu können.

Eventueller Verlust aus der Verwaltung und dem Verkauf der auf Staatsrechnung von der Bank angekauften Devisen kommt zu Lasten des Staates (Minist.-Verordnung vom 12. Dezember 1922 Art. 12).

---

[1] Die Regierung hat seit 1918 Staatskassenscheine (sog. Bons de Défense Nationale) herausgegeben, die auch mit dem Akzept der Nationalbank versehen sind und sich Ende März 1923 auf 326 Mill. Dr. beliefen.

Bis heute hat die Bank aber keinen Gebrauch von diesem Recht gemacht, das ihr durch die oben zitierten zwei Bestimmungen zusteht.

Jetzt, Ende März 1923, ist der Notenumlauf in Griechenland wie folgt:

Effektiver Umlauf ca.	3,700	Mill. Drachmen
Maximalgrenze des Emmissionsrechts der Bank ca.	4,748	„ „

d. h. detailliert:

I. Auf Zwangskurs:

1. Auf Rechnung der Regierung ca. . . 45 „ „

Für diese Summe ist keine spezielle Deckung erforderlich. Sie repräsentiert eine Staatsschuld, die, wie wir oben gesagt haben, unter der Kontrolle der Internat. Finanzkommission mit 2 Mill. jährlich getilgt wird, bis sie auf mindestens 40 Mill. sinkt.

2. Auf Rechnung der Nationalbank 3563405000 Drachmen, d. h.

a) 66 Mill. gemäß Konventionen vom 2. Oktober 1885 und 3. Dezember 1899. Während des Zwangskurses ist für diese Summe keine spezielle Deckung erforderlich.

b) 80 Mill. Drachmen laut Konvention vom 19. Dezember 1914 (Gesetz Nr. 656)[1]. Die Bank wurde zur Ausgabe dieser Summe ermächtigt auf Grund der Erweiterung ihres Emissionsprivilegiums auf die nach den Balkankriegen einverleibten Länder; als Deckung ist erforderlich: ein Viertel in Bons von Nationalanleihen auf Gold oder in effektivem Gold, das entweder in den Kassen der Bank liegt oder im Ausland bei Bankinstituten deponiert ist, oder aber in Auslandsdevisen zu Goldpari, und die übrigen drei Viertel in kurzfristigen Handelskrediten oder in Staatsobligationen.

c) 10405000 Drachmen, weil die Nationalbank seit dem 5. Juli 1919 die Bank von Kreta im Emissionsrecht ersetzt hat. Für diese Summe mußte die Bank von Kreta bis 9 Mill. eine Deckung zu ein Drittel in Barbestand halten, und für den über die 9 Mill. gehenden Umlauf war eine völlige Deckung in bar oder Auslandsdevisen erforderlich.

d) 7000000, da das Emissionsrecht der Jonian Bank Ltd. ab 9. Mai 1920 auf die Nationalbank übergegangen ist. Während des Zwangskurses ist für diese Summe keine spezielle Deckung erforderlich.

[1] Siehe auch Konvention vom 14. Juni 1922.

e) 300 Mill. laut Konvention vom 9. Juni 1920[1]. Diese Summe muß als spezielle Deckung haben: zu ein Viertel wie oben unter b) und zu drei Viertel in kurzfristigen Handelskrediten oder in Staatsobligationen.

f) 400 Mill. laut Konvention vom 4. Oktober 1920. Für diese Summe dienen als Deckung kurzfristige (3½ Jahre) Staatsobligationen.

g) 1050 Mill. laut Konventionen vom 2. Mai 1921 und 2. März 1922. Für diese Summe wird eine Deckung in kurzfristigen Handelskrediten oder in Obligationen von Nationalanleihen vorgesehen.

h) 600 Mill. laut Konvention vom 11. November 1922. Für diese Summe wird eine Deckung in Staatsobligationen vorgesehen.

i) 750 Mill. laut Konvention vom 3. März 1923. Für diese Summe wird als Deckung dienen: a) die von der Nationalbank zugunsten des Staates zu realisierenden Einnahmen auf Grund der Bestimmungen des Dekrets vom 20. Januar 1923 über die Regelung der Verpflichtungen in Gold[2], b) die am 3. März 1923 laut Dekret auferlegte einmalige Vermögensbesteuerung[3].

k) 300 Mill. laut Konvention vom 3. März 1923. Diese Summe muß als Deckung kurzfristige Handels-, Industrie- und Landwirtschaftskredite haben.

II. Laut Gesetz ΓΧΜΒ 1139784175 Drachmen.

Als Deckung dieser Summe dienen Devisen und Auslandguthaben zu Pari, die unter der Rubrik „Disponibles à l'Etranger" im Aktiv der Nationalbank gebucht sind, und bestehen aus:

7914385 £	83000000 Mk.
400200000 Fr.	3750000 Rb.
33239267 $	

[1] Siehe auch Konvention vom 14. Juni 1922.

[2] Durch dieses Dekret wurde bestimmt, daß die Verpflichtungen in Gold zu begleichen sind: an die Gläubiger in Zwangskursbanknoten zu Pari (wenn es sich um Depositen handelt) oder bis auf das Dreifache (in verschiedenen anderen Fällen); die Differenz zwischen der an die Gläubiger ausbezahlten Summe und der Golddrachme (nach dem Dollarkurs) muß in den meisten Fällen an den Fiskus bezahlt oder in Gold bei der Nationalbank auf dem Konto der Regierung deponiert werden.

[3] Diese Besteuerung trifft stufenweise (2—20%) das Vermögen über 50000 Dr.

und dazu 309468045 Drachmen (ein Betrag, der der französischen Regierung vorgeschossen wurde und in Drachmen zurückzuzahlen ist).

Diese Deckung würde auf Grund des Newyorker Kurses vom 31. März 1923 einen Wert von ca. 520 Mill. Drachmen Gold repräsentieren und den effektiven Umlauf (von 3700 Mill. Drachmen) zu 14% decken.

Von diesen sog. Disponibilitäten des Gesetzes ΓΧΜΒ ist aber tatsächlich kein Pfennig disponibel. Eben deswegen, weil fast diese ganze Summe aus Krediten bei den Schatzämtern der Alliierten besteht, die trotz der Anerkennung der Nationalbank von Griechenland als Übernehmer der während des Krieges zugunsten Griechenlands geöffneten Kredite, wie oben gesagt wurde, im Dezember 1920 erklärt hatten, daß Griechenland den Rest der Kredite nicht benützen darf (wegen der Rückkehr des Königs Konstantin auf den Thron). Durch diese Maßnahme aber wird ja nicht die Staatskasse Griechenlands an sich betroffen, sondern das nach dem internationalen Rechtsbrauch respektable Privatrecht einer privatrechtlichen Organisation, wie es das Institut der Nationalbank von Griechenland ist. Das Gesetz ΓΧΜΒ also ist heute völlig wirkungslos wegen sozusagen höherer Gewalt, und die ganze oben erwähnte Banknotensumme dieses Gesetzes zirkuliert in Wirklichkeit als Papiergeld auf Rechnung der Regierung, die auf alle Fälle diese Sache zu regeln hat, indem sie danach trachtet, daß entweder der Rest der alliierten Kredite der Bank zur Verfügung gestellt wird, oder daß sie in irgendeiner Weise der Bank die auf Grund dieser Kredite entnommenen Summen zurückerstattet — was eben nicht anders möglich zu sein scheint als durch eine neue Anleihe im Ausland. Da aber, nach dem Übereinkommen mit den Alliierten in den Jahren 1918 und 1919, seitens Griechenlands keine Garantien zur Sicherung einer neuen Anleihe im Ausland gegeben werden dürfen ohne die Zustimmung der Regierungen Englands, Frankreichs und der Vereinigten Staaten und vor der Tilgung der Schuld Griechenlands aus diesen Krediten, hat die Regierung, in der Absicht, Ende 1921 eine Anleihe in London zu schließen, mit der englischen Regierung ein Abkommen getroffen, unterschrieben am 22. Dezember 1921, wonach sie auf die Forderung des noch nicht benützten Teils der englischen Kredite (von ca. 5350000 £) verzichtet und die englische Regierung zustimmt, daß Griechenland über eine Anleihe bis zu 15 Mill. £ in England verhandeln und die zu verlangenden Garantien dazu leisten darf. Die Verhandlungen aber zur Erlangung einer solchen Anleihe hatten ihren Zweck verfehlt.

Aus dem oben Gesagten resultieren folgende Schlüsse.

Das System des Gesetzes ΓΧΜΒ, in Kraft getreten, als die Drachme wieder das Pari erreicht hatte, d. h. als die Zahlungsbilanz des Landes nicht mehr ungünstig war, hat sich als ein vorteilhafter Mechanismus erwiesen zur Stabilisierung der griechischen Valuta, solange die Zahlungsbilanz für das Land günstig blieb.

Nach der ungünstigen Wendung der Zahlungsbilanz konnte die Funktion des Gesetzes ΓΧΜΒ auf Kosten der Reserven verlängert werden, d. h. mit Hilfe von Kapital und nicht auf Grund jährlichen Einkommens der Volkswirtschaft.

Die langdauernde ungünstige Gestaltung der Bilanz hatte eine Erschöpfung der Reserven zur Folge und führte das Land in das Regime des einfachen Zwangskurses.

Unter den finanziellen Verhältnissen des Landes, das sich seit Herbst 1912 fast ununterbrochen mobil und im Kriegszustand befindet, wäre jedes bekannte Geldsystem außerstande, günstigeree Bdingungen zu sichern, als es mit dem Gesetze ΓΧΜΒ der Fall war. Wenn der Umlauf des Landes in Bargeld bestünde, wäre der Zwangskurs seit 1914 unabwendbar gewesen, wie fast überall, und das Gold wäre versteckt oder aus dem Lande verschoben innerhalb einer viel kürzeren Zeitspanne, als die Auslandsreserven des Gesetzes ΓΧΜΒ zur Deckung des Zahlungsbilanzdefizits Griechenlands ausreichten, und als Folge davon wäre die Entwertung der Drachme viel schneller und stärker, als es heute der Fall ist.

Dank des Systems des Gesetzes ΓΧΜΒ konnte im Jahre 1920 eine gemischte Devisenpolitik angewandt werden, d. h. die Auslandsreserven dieses Gesetzes sollten zu Pari Verwendung finden zur Heranschaffung von Nahrungsmitteln und Kohle und für die Bedienung der Auslandsstaatsschuld, während die Kurse für die übrigen Devisenan- und -verkäufe sich nach Maßgabe von Angebot und Nachfrage regelten.

Mit der Entwertung der Valuta in den Ländern, in denen die Reserven des Gesetzes ΓΧΜΒ deponiert waren, wurde andererseits ein Teil ihres Wertes verloren, da das rechtzeitige Umwechseln in gesundes Geld (z. B. in Dollar) nicht möglich war wegen Einschränkungsmaßnahmen der Regierungen dieser Länder gegen Kapitalflucht oder wegen nicht freier Verfügung über diese Reserven seitens der Nationalbank (wie es mit den von den Alliierten eröffneten Krediten der Fall war).

Wie in anderen Ländern, so erhebt sich auch in Griechenland heute die Frage: Wird die Drachme auf den Wert vor 1919 zurückkommen können, oder wird man, zwecks Valutastabilisierung, zu einer Devalvation schreiten müssen?

Am letzten Kongreß der Handelskammern in Rom (März 1923) haben die griechischen Delegierten erklärt, daß die Valutapolitik ihres Landes dahin streben wird, die Drachme allmählich auf ihren Vorkriegswert zu bringen. Für den Erfolg dieses Ehrgeizes Griechenlands sind tatsächlich genügend Chancen vorhanden. Obwohl die Drachme fast 93% ihres Nennwertes verloren hat, existieren spezielle Umstände, die eine riesenhafte Besserung herbeiführen werden. Und diese sind:

Die starke Entwertung der Drachme, die vor kaum einigen Monaten eingetreten ist, wird besonders auf psychologische Motive zurückgeführt. Wenn letztere aufhören oder wesentlich eingeschränkt werden (außenpolitisch durch einen guten Friedensschluß und innenpolitisch durch die Rückkehr zu normalen politischen Verhältnissen) und die schon begonnene Finanzpolitik zwecks Balanzierung des Budgets rigoros durchgeführt wird, so wird das Vertrauen zur Drachme zurückkehren und die Steigerung der Wechselkurse, sofern sie auf das Mißtrauen gegen die Drachme zurückzuführen ist, wird aufhören.

Auslandswechsel, die sich in griechischen Händen sowohl im Inals auch im Ausland befinden[1], werden allmählich zum Vorschein kommen und in Drachmen umgewechselt.

Die Wirtschaftsquellen des Landes, und namentlich die der neuen Provinzen, deren Reichtum wegen der elfjährigen Kriegsperiode unausgenützt bleibt, werden ausgenützt; dazu wird auch das ausländische Kapital eine große Rolle spielen, dessen Zufuhr die Besserung der Zahlungsbilanz gleich fühlbar machen wird, worauf auch die fortwährende Besserung der Handelsbilanz folgen wird. Es genügt zu erwähnen, daß die Austrocknung der Sümpfe und eine gute Kultivierung genügen würden, Griechenland in bezug auf Zerealien vom Ausland unabhängig zu machen, für die heute ca. 6000000 £ jährlich ins Ausland verausgabt werden.

Die Auslands- (Amerika!) Griechen, die heute den größten Teil ihres Vermögens in Dollars halten, werden künftighin alle ihre Ersparnisse in die Heimat schicken, wie sie es auch früher getan haben.

[1] Der Betrag dieser Auslandswechsel kann auf 40 Mill. £ veranschlagt werden.

Diese Rimessen machen für die Zahlungsbilanz Griechenlands solch einen mächtigen Faktor aus wie ungefähr die Warenausfuhr[1]!

Die Handelsflotte vermehrt sich beständig. Die Handelsflotte, die während des Weltkrieges ungefähr 54% ihres Bestandes verloren hat, erreicht heute ihre frühere Stärke (ca. 900000 Tonnen).

In der Frage der Ententekredite darf man auch erwarten, daß Griechenland zu seinem Rechte kommen wird, so daß der Rest (zirka 17000000 £) zu seiner Verfügung gestellt wird.

Gegenüber diesen günstigen Momenten existiert ein dunkler Punkt, und das ist die Frage der Deckung der außerordentlichen Ausgaben des Budgets, wobei die Ausgaben für die Fürsorge und die Installation der Flüchtlinge den Hauptposten ausmachen. Zur Lösung dieses äußerst wichtigen Problems hofft Griechenland auf eine spezielle Auslandsanleihe, für die genügende Garantien gegeben werden.

Bis zur Verwirklichung dieser Anleihe wird eine weitere Herausgabe von Banknoten nicht zu umgehen sein[2].

---

[1] So belief sich z. B. in den Jahren 1918—1921 der Durchschnitt der Warenausfuhr auf 16 Mill. £ und der Durchschnitt der Überweisungen der Amerika-Griechen auf £ 19 Mill.

[2] Ein Zeichen für die Durchführung einer soliden Währungspolitik ist auch die oben erwähnte Ermächtigung der Bank (12. Dez. 1922) zur supplementären Notenausgabe zwecks Ankaufs von Devisen auf Rechnung des Staates. Diese Banknoten werden, wie verständlich, wieder vom Umlauf zurückgezogen nach dem Verkauf der angekauften Devisen. Der Hauptgrund dieser Maßnahme ist offenbar die Intervention der Bank im richtigen Moment auf Rechnung der Regierung zur Abwendung von schweren Fluktuationen der Wechselkurse.

Statistisches.

Seit 1914 war die Vermehrung des Notenumlaufs wie folgt:

Datum	Zwangskurs auf Rechnung des Staates	Zwangskurs auf Rechnung der Bank	Laut Gesetz ΓXMB	Zusammen effektiver Umlauf	Vermehrung des effektiven Umlaufs
	Notenumlauf in Millionen Drachmen				
1914 Juli	62	18	168	248	1
1915 "	59	81	134	274	1,10
1916 "	58	139	260	457	1,84
1917 "	57	129	476	662	2,67
1918 "	55	135	925	1115	4,50
1919 "	53	84	1197	1334	5,38
1920 "	51	176	1168	1395	5,63
1921 "	49	670	1097	1816	7,32
1922 März	47	1069	1140	2255	9,09
1922 Juli	47	657	1140	1844	7,44
1923 März	45	2515	1140	3700	14,92

Man kann sich eine ungefähre Vorstellung von der Entwertung der Drachme im Inland machen durch den Vergleich der folgenden Ziffern[1], die wir in der approximativen Form von Indexnummern wiedergeben:

1914	100	1919	338
1915	121	1920	360
1916	166	1921	420
1917	289	1922	661
1918	378	1923 März	(1200)

Was den Außenwert der Drachme anbelangt, der sich, wie wir gesehen haben, bis August 1919 auf Pari zum Gold oder zum Dollar hielt, so hat er seither eine Entwertung erfahren, wie die folgenden Kurse zeigen:

Datum	Wechselkurse (Scheck) auf Newyork	auf London	auf Paris	Wert der Drachme in Centimes Gold nach dem Dollarkurs
1919 Ende Juli .	5,19 5/8	23,10	70	100
" Dezember. .	6,90	25,40	62,25	75
1920 Juni. . . .	7,93	31	67,25	65
" Oktober . .	10,94	37	63,50	47
" Dezember. .	13,10	47,25	78,75	40

[1] Diese sind vom Statistischen Bureau des Ministeriums für Volkswirtschaft zusammengestellt auf Grund der monatlichen Mittelpreise von 55 Konsumartikeln in 101 Städtchen Griechenlands.

Fortsetzung.

Datum	Wechselkurse (Scheck) auf Newyork	auf London	auf Paris	Wert der Drachme in Centimes Gold nach dem Dollarkurs
1921 April . . .	18,30	73	153,25	28
„ Juni. . . .	18,46	67	143,25	28
„ September .	23,12	89	169,75	22
„ Dezember. .	22,95	97	190,25	22
1922 März . . .	22,43	99	208	23
„ Juni. . . .	31,43	140	251,50	17
„ September .	32,26	142,42	246,12	16
„ Dezember. .	83,22	386,87	601,26	6
1923 März . . .	91,52	430	555	5½

Der Außenhandel Griechenlands (ohne den Transithandel zu rechnen, mangels statistischer Angaben) war seit 1914 wie folgt:

Jahr	Einfuhr		Ausfuhr		Überschuß der Einfuhr	
	in Banknoten	in Gold	in Banknoten	in Gold	in Banknoten	in Gold
	in Millionen Drachmen					
		geschätzt		geschätzt		geschätzt
1914	319	319	179	179	140	140
1915	290	290	219	219	71	71
1916	400	400	155	155	245	245
1917	223	223	113	113	110	110
1918	734	734	297	297	437	437
1919	1608	1495	726	677	882	818
1920	2131	1191	664	367	1467	824
1921	1674	490	832	232	842	258
1922	3085	436	2485	346	600	90

Athen, April 1923.

Die Doppelnote.

Währungspolitische Projekte der Nachkriegszeit (1918—1922).

Von

Dr. Martha Stephanie Braun.

Inhaltsverzeichnis.

Erster Teil.

Die verschiedenen Fassungen des Doppelnotengedankens.

1. Die Wirtschaftslage Mitteleuropas zur Zeit der Formulierung des Doppelnotengedankens.

Die Entwicklung, die der Plan, in den Staaten mit besonders geschwächter Valuta neben der entwerteten Papiernote eine auf Gold fundierte Note einzuführen, genommen hat, ist für den Wirtschaftstheoretiker und für den Wirtschaftspolitiker gleich lehrreich.

Die Geschichte der Entstehung dieses Planes und das Schicksal, das ihm beschieden war, gewähren einen tiefen Einblick in die allgemeine Wirtschaftslage und in die Ideenwelt, von der das wirtschaftliche Denken der Nachkriegszeit beherrscht war und noch heute beherrscht ist.

Der Plan, für einzelne Länder eine Doppelwährung zu schaffen resp. in allen Staaten, die infolge des Weltkrieges wirtschaftlich geschwächt waren, ein gemeinsames Geld einzuführen, entsprang nicht der Konstruktion eines einzelnen Wirtschaftstheoretikers; schon die Tatsache, daß er bei mehreren Finanzsachverständigen gleichzeitig auftauchte, beweist, daß die Verhältnisse, wie sie eben in den ersten Jahren nach dem Kriege lagen, zur Konzeption eines solchen Planes unmittelbar anregten.

Wenn wir uns die politische Geschichte des Jahres 1919 ins Gedächtnis rufen, so wird es besonders verständlich, daß gerade gegen Ende dieses Jahres die Gedanken all jener, die das wirtschaftliche Geschehen mit kritischem Blick betrachteten, besonders auf das Geldproblem gelenkt wurden.

Schon im Frühling 1919 waren die Valuten aller Kontinentalstaaten, neben der Mark und der österreichischen Krone vor allem auch der französische Franc, auf den neutralen Plätzen ständig im Kurse gesunken. Im Herbste 1919 bewirkten zwei Faktoren eine plötzliche katastrophale Verschlechterung der Wirtschaftslage Mitteleuropas und speziell Österreichs: das Bekanntwerden der Friedensverträge und die allgemeine Not an Lebensmitteln und Rohstoffen, speziell an Kohle, die sich mit Beginn des Herbstes erheblich steigerte.

Im September 1919 war dem damaligen Kanzler Renner in St. Germain der Friedensvertrag zwischen Österreich und der Entente überreicht worden. Dieses Ereignis übte nicht nur auf die momentane Lage der österreichischen Wirtschaft sondern vor allem auch bei Beurteilung der Chancen, die nun Österreich noch blieben — welches Urteil sich natürlich in dem Kurse der österreichischen Krone zeigen mußte — seinen Einfluß aus.

Die Unterzeichnung dieses Vertrages bedeutete den Verzicht Österreichs auf den Anschluß an Deutschland, dessen wirtschaftlichen Vorteile von vielen Österreichern und von manchen Wirtschaftspolitikern des Auslandes sehr hoch eingeschätzt worden waren. Es war ferner darin die finanzielle Auseinandersetzung mit den Nationalstaaten in einer für Österreich sehr ungünstigen Weise geregelt.

Ferner wird in diesem Vertrage auch von Reparationen Österreichs gesprochen, während von jenen Unterstützungen der Entente, die von Anschlußgegnern erhofft worden waren, keine Rede war.

Österreich hatte zwar schon im Frühling 1919 eine Lebensmittelaushilfe der Entente erhalten und die Hoffnung, in der größten Not wieder eine ähnliche Aushilfe zu erlangen, bestand auch im Herbste 1919. Aber diese Chance, die doch bloß einen reinen Konsumtionskredit erhoffen ließ, konnte keinen Wirtschaftskenner zu einer optimistischen Beurteilung der österreichischen Wirtschaftslage veranlassen.

Dazu kam, daß mit Herbst 1919 der Warenhunger, vor allem der Bedarf an Kohle, Lebensmitteln und Rohstoffen der Industrie, besonders fühlbar wurde. Die Bahnen, deren Zustand im Kriege und in der Demobilisierungszeit ohnehin ungemein gelitten hatte und die zur Aufrechterhaltung ihres Betriebes der Kohle bedurften, die Industrie und der Handel benötigten dringend Zahlungsmittel, um im Auslande einkaufen zu können. Die Nachfrage nach ausländischen Zahlungsmitteln trieb deren Preis sprunghaft in die Höhe und dementsprechend senkte sich der Kurs der österreichischen Krone und ganz ähnlich auch der Preis der Mark auf allen Geldmärkten. Schon am 6. September stieg in Wien der Preis für ein Pfund Sterling auf 205 Kronen, am 3. Oktober kostete es schon 275 Kronen, — also eine plötzliche Steigerung um mehr als ein Drittel — am 12. Oktober hatte es bereits einen Preis von 355 Kronen; es war also innerhalb eines Monats um mehr als 70% im Preise gestiegen.

In diesem Monate arbeitete die damalige österreichische Regierung einen Finanzplan aus. Damals war Schumpeter Finanzminister.

In einem Aufsatz vom 3. Oktober forderte die „Neue Freie Presse" die Gründung einer neuen Notenbank. Ausgangspunkt für diese Forderung war die Einsicht, daß zu einer Sanierung der Währung eines Landes vor allem eine tadellos funktionierende, unabhängige Notenbank gehöre, die — nach den Vorschlägen der „Neuen Freien Presse" — neue goldgedeckte Noten ausgeben sollte.

Da man aber einsah, daß man damit die Frage nach dem Schicksal der alten Noten, das für alle Kreise der Bevölkerung von eminentem Interesse war, doch nicht mit einem Schlage erledigen könne, kam man zu dem Resultate, daß eben während einiger Zeit zwei Währungen nebeneinander bestehen sollten.

So entstand die Forderung nach Schaffung einer neuen Notenbank und nach einer fundierten Währung, die neben der alten Papierwährung gelten sollte. Und diese Forderung ist allen Doppelnotenprojekten eigen von Benedikt bis Vissering und von Vissering bis zu einigen Forderungen der jüngsten Monate.

Die wirtschaftliche Entwicklung Österreichs im Herbste 1919 führte zur Formulierung der ersten Doppelnotenprojekte, deren Autoren Benedikt und Landesberger sind, und die internationale Wirtschaftslage während des Jahres 1920 war der Weiterbildung dieser Ideen günstig; die Entwürfe Landesbergers und Benedikts lagen als Material der Brüsseler Finanzkonferenz vom Herbst 1920 vor. Auf dieser Konferenz wurden auch die Pläne des holländischen Financiers Vissering erörtert, der im Frühling 1920 ähnliche Gedanken in seiner Art formuliert hatte und einen großzügigen Sanierungsplan für Europa ausgearbeitet hatte, zu dessen Hauptbestandteilen die Einführung einer internationalen Goldnote gehört, welche neben den einzelnen Landeswährungen für den internationalen Verkehr dienen sollte.

Ehe wir dazu übergehen, die Wirtschaftsgeschichte, die das Schicksal all jener Pläne entschied, weiter zu verfolgen und die Fortbildung der Doppelnotenidee zu skizzieren, ist es notwendig, die verschiedenen Formulierungen, die dieser Plan in der Zeit seiner Entstehung gefunden hatte, näher zu untersuchen und aus ihrer Analyse ein Urteil über das Wesen des vorgeschlagenen Systems zu gewinnen.

2. Die Propagierung einer Importnote durch Benedikt.

Die ersten Aufsätze, in denen Moritz Benedikt, der Herausgeber der „Neuen Freien Presse", einer der besten Kenner aller valutarischen Probleme, seine Idee der Schaffung einer Goldnote, die er „Importnote" nennt, klar zusammenfaßt, wurden am 3. und am 12. Oktober 1919 publiziert.

Das Projekt bedeutete nach Ansicht Benedikts eine notwendige Ergänzung des Finanzplanes der damaligen Regierung.

Benedikt war ein gründlicher Kenner aller Geldprobleme. Wie gut er die Grundgesetze, denen das Geld in der Wirtschaft unterliegt, kannte, beweisen neben vielen hervorragenden Artikeln seine lichtvollen Ausführungen zur österreichischen Valutareform des Jahres 1892 gelegentlich der Enquete des damaligen Finanzministers Steinbach. Manche der überzeugenden Argumente, die Benedikt damals gegen den Bimetallismus vorbrachte, konnten später von den Kritikern seines Doppelnotenprojektes gegen ihn angeführt werden. Sein Gutachten aus dem Jahre 1892 gehört ja überhaupt zu den besten Arbeiten auf dem Gebiet der Geldtheorie.

Die von ihm im Jahre 1892 aufgestellten Grundsätze der Valutapolitik sind darum so interessant, weil sich hieraus wertvolle Gesichtspunkte für die Beurteilung der Doppelnotenidee des Jahres 1919 ergeben. Praktisch allerdings war die Valutafrage des Jahres 1892, als es sich um den formellen Abschluß einer Epoche zielbewußter Geldpolitik handelte, eine viel leichter zu beurteilende und zu regelnde als im Jahre 1919.

1892 sagt Benedikt:

„Österreich braucht keine Silberwährung, keine Doppelwährung, keine internationalen Währungsexperimente."

Er trat für langsame Goldbeschaffung ein und wies auf die Aktivität der österreichischen Handelsbilanz dieser Zeit und auf den Überschuß im Budget hin, in welchen Tatsachen er die Voraussetzungen für das Nichtabströmen des Goldes sah.

Er weist auch darauf hin, daß die Zahlungsbilanz Österreichs nicht gefährdet sei, da ja nur die Zinsen für das Gold gezahlt werden müssen; er betont schließlich, daß es gegen den Goldexport nur ein Mittel gebe: eine gute Diskontpolitik.

Alle diese seine eigenen Forderungen und Argumente lassen schon auf den ersten Blick erkennen, wie problematisch die im Jahre 1919 vorgeschlagene Einführung einer Doppelnote ist.

Als im Oktober 1919 die Notenbank, die diese neuen Noten ausgeben sollte, zum erstenmal propagiert wurde, stand es noch nicht einmal fest, ob es möglich sein würde, einen Goldschatz zur Fundierung der neuen Goldnoten zu beschaffen.

Die erste Fassung des Projektes der Schaffung einer Goldnote ging von der Voraussetzung aus, ein amerikanischer Dollarkredit, auf den eine gewisse Aussicht bestand, sei schon eingetroffen. Die Hoffnung auf das Zustandekommen dieses Kredites wurde gegen Ende des Jahres 1919 allerdings gestärkt; doch im Laufe des Jahres 1920 schwand sie wiederum[1].

Unter den Vorkämpfern für eine neue Notenbank finden wir zu Anfang des Jahres 1920 auch Dr. Otto Bauer, einen der einflußreichsten Führer der österreichischen Sozialdemokratie, der in einer Rede im Finanzausschuß des Nationalrates am 29. Januar 1920 für die Errichtung einer österreichischen Notenbank auf streng metallistischer Grundlage eintrat. Wie Benedikt schlug auch er vor, daß durch ausländische Kredite ein Metallschatz beschafft werden sollte.

Diesen Gedanken baute Benedikt auf Grund seines schon im Oktober 1919 vertretenen Planes der Schaffung einer Importnote weiter aus.

Er polemisiert gegen Bauer, der die Ausbalanzierung des Budgets für eine Voraussetzung hält, die erfüllt sein müsse, ehe man an die Schaffung einer neuen Notenbank schreiten könne; Benedikt weist auf die Notwendigkeit eines stabilen Geldes für den Handel hin. Der Handel, meint er, könne nicht so lange warten, bis der Staat mit seinen Finanzen in Ordnung gekommen sei; es müsse für Handel und Verkehr ein brauchbares Werkzeug des Verkehrs geschaffen werden, dessen Wert von staatlichen Nöten unabhängig bleibe. Wenn der Staat mit seinen laufenden Einnahmen nicht auskomme, dürfe er nur den Weg der inneren Anleihe beschreiten[2]. (Das Junktim zwischen innerer Anleihe für Staatszwecke und der Notenbank für die Bedürfnisse der produktiven Stände war eine der Lieblingsideen Benedikts. Sie wurde auch nach seinem

[1] Ende Dezember 1919 wurde in Amerika die vom Präsidenten Wilson befürwortete Edge-Bill eingebracht, die für die notleidenden Staaten Europas einen Kredit von ca. 150 Millionen Dollar vorsah, von dem Österreich nach einigen Vorschlägen 70 Millionen bekommen sollte.

[2] Siehe „Neue Freie Presse" vom 30. Januar 1920.

Tode von der „Neuen Freien Presse" weiterverfolgt und hat schließlich im Jahre 1922 durch die Schaffung der Notenbank und die Auferlegung der Zwangsanleihe eine teilweise Verwirklichung gefunden.)

Die ausländischen Kredite aber sollten nach Ansicht Benedikts vor allem für Zwecke der Produktion dienstbar gemacht werden. Auf Grund der optimistischen Meldungen aus Amerika, die der „Star" vom 28. Januar über die Edge-Bill und Wilsons Vorschläge an den Kongreß brachte, welche Meldungen ja auch Otto Bauer als Aussicht auf sichere Hilfe in seiner Rede wertete, könne man bestimmt mit größeren Krediten rechnen. Und diese Kredite sollten als Grundlage einer großzügigen Wirtschaftspolitik dienen.

Es müsse also mit diesem amerikanischen Geld eine Notenbank geschaffen werden, die ganz privatwirtschaftlich geführt werden solle; ihre Gründer sollten Amerikaner sein.

Benedikt hebt hervor, daß eine solchermaßen gegründete Bank so jungfräulich wie keine andere Bank Europas wäre.

Die Noten, die diese Bank auszugeben hätte, sollten auf Grund von Geschäften entstehen. Ihre Hauptaufgabe sollte darin bestehen, wirkliche Importvaluta zu sein.

Benedikt stellt folgende Thesen auf:

1. Wer einführt, kann auch wieder ausführen.

2. Die Noten, die der Kaufmann auf Grund der Vorweisung von Schlußbriefen über im Ausland eingekaufte Waren erhalten hat, werden als Bezahlung für die exportierten Waren zurückströmen.

Benedikt gibt folgendes Beispiel für diesen Vorgang: Ein österreichischer Kaufmann kauft in Liverpool Baumwolle und braucht dafür Pfund Sterling. Sein Kreditinstitut weist der Notenbank Schlußbriefe und sonstige Papiere vor und kauft für den Kaufmann zum Tageskurs gegen alte Kronen Importnoten. Diese Importnoten, die ja durch amerikanisches Gold gedeckt sind, würden im Ausland wie amerikanisches Geld genommen werden.

3. Durch solche Käufe würde die Importnote zum großen Teil die alten Noten aufsaugen.

4. Es würde allmählich zwischen alten und neuen Noten eine marktmäßige Relation entstehen.

5. Wenn nach Jahren durch ständige Verminderung der Relationsschwankungen eine große Beständigkeit im Aus-

tauschverhältnis zwischen diesen beiden Noten erreicht ist, soll dieses Wertverhältnis gesetzlich sanktioniert werden.

6. Benedikt schlägt für die Importnote, die ja hauptsächlich Zwecken des Großhandels gewidmet sein soll, eine hohe Stückelung vor. Er betont die Wichtigkeit, die ein solches wertstabiles Geld für die Kalkulationen von Handel und Industrie hätte.

7. Von besonderem Wert erscheint ihm die Aussicht auf Entstehung eines „inneren Zürich"; er hofft, daß die Schwankungen im Austauschverhältnis zwischen Importnoten und alten Papierkronen lange nicht so heftig sein würden wie die Schwankungen des Kronenkurses in Zürich es waren.

Dies eine Skizzierung der Idee der Schaffung einer Doppelnote, wie sie von Benedikt vertreten wurde. Diese Idee wurde in der „Presse" selbst sehr oft entworfen, sehr oft wurde sie auch im politischen Leben propagandistisch vertreten. Unter ihren Anhängern finden wir von Österreichern den Abgeordneten und nachmaligen Handelsminister Emil Kraft und den Generalsekretär der österreichisch-ungarischen Bank Friedrich von Schmid-Dasatiel.

3. Die Bankpläne Landesbergers.

Ausführliche Arbeiten über Probleme der Verwirklichung dieses Planes hat der Präsident der Anglo-österreichischen Bank Professor Dr. Julius von Landesberger in einer Artikelserie in der „Neuen Freien Presse" ausgeführt[1]. Im Oktober 1919 gibt er seine Leitsätze für die Gründung einer Bank, die imstande wäre, ein Geld mit Handelskurs zu lancieren, bekannt.

Viele der damals von ihm vorgebrachten Anregungen haben drei Jahre später bei der Schaffung des Statuts der österreichischen Nationalbank Beachtung gefunden.

In den Vorbemerkungen der Redaktion zu den Aufsätzen Landesbergers, deren erster am 19. Oktober 1919 erschien, werden die Grundgedanken des von der „Presse" verfolgten Doppelnotenplanes, den wir oben wiedergaben, schlagwortartig folgendermaßen zusammengefaßt, wobei auf die Gemeinsamkeit der Gedankengänge Benedikts und Landesbergers hingewiesen wird.

---

[1] Vgl. „Neue Freie Presse" vom 19., 21. und 23. Oktober 1919. „Gedanken zur Errichtung einer Notenbank in Deutschösterreich."

Es ist mit ausländischem Kapital, das voll in Gold einzuzahlen ist, eine Bank zu gründen.
Die Einbringung des Metallschatzes soll die Bedingung für die Verleihung des Privilegs der Notenausgabe bilden.
Es sollen vollwertige Noten ausgegeben werden, die auch im Ausland in Gold einlösbar sind.
Zwischen alten und neuen Noten soll keine Zwangsrelation bestehen.
Durch Kauf von alten gegen neue Noten soll in die Bewegungen des Papierkronenmarktes eingegriffen werden.

Diesem Gedankengang gegenüber stellen die Entwürfe Landesbergers vor allem eine Erweiterung nach der technischen Seite hin dar. Über die Heranziehung neuer Valutaquellen durch Ausgabe von Obligationen und über die Schaffung eines Kartells der Zentralnotenbanken — welche Gedanken ihm schon seit der Zeit seiner bimetallistischen Geldpolitik naheliegen mußten — hat Landesberger sehr Interessantes vorgebracht.

In seinem Aufsatz vom 19. Oktober entwickelt er zunächst vier Leitsätze für eine neue Notenbank.

1. Die Notenbank soll mit ausländischem Kapital gegründet werden; sie soll unter Patronanz auswärtiger Banken und des amerikanischen Schatzamtes stehen.

Ihr Kapital sollen Gold- oder Golddevisen bilden. Ausländische Besitzer von alten Aktien der Österreichisch-Ungarischen Bank sollen ein Bezugsrecht auf die Aktien der neuen Bank erhalten, wenn sie Golddevisen oder Gold als Kapital der neuen Bank beisteuern.

Es muß nicht nur direkte sondern auch indirekte Inanspruchnahme durch den Staat ausgeschlossen werden. Die Bedingungen, die an die Verleihung des Privilegs geknüpft werden, müssen derartige sein, daß sie imstande sind, für die internationalen Finanzkreise einen Anreiz zu bieten.

2. und 3. Außer dem aus Gold bestehenden Aktienkapital sollen der neuen Bank noch andere Kreditquellen eröffnet werden, aus denen sie Gelder heranziehen kann. Ein Teil der damals vom Staate zum Zwecke der Fundierung der Lebensmittelkredite aufgerufenen ausländischen Werte soll durch die neue Notenbank verkauft werden; ihre Besitzer sollen dafür mehrjährige Bankobligationen erhalten, während die Bank den Erlös zur Verstärkung ihres Devisenportefeuilles behalten solle.

Dieser Vorgang würde sowohl für den ehemaligen Besitzer dieser Werte als auch für die Bank von Vorteil sein. Der Besitzer vermeidet so die Kursspekulation; der Zinsfuß, der ihm gezahlt wird, muß in einem angemessenen Verhältnis zum Zinsfuß des Staates, auf dessen Währung der verkaufte Auslandswert lautete, stehen. Bei Erfüllung dieser Bedingungen stelle die Bankobligation, die der ehemalige Besitzer von Auslandswerten erhält, eine Valutaanlage ersten Ranges für ihn dar. Das Devisenportefeuille der Bank aber hat eine neue Quelle erhalten.

4. Als Ziel der Bank ist neben den üblichen Aufgaben die wichtigste: die Schaffung eines international gangbaren Zahlmittels und allmähliche Annäherung des Wertes der alten Papierkrone an den Wert dieses Zahlungsmittels. Dieses Wertverhältnis ist baldmöglichst zu stabilisieren.

Diesen letzten Punkt führt Landesberger näher aus. Er sagt, dieses Wertverhältnis müsse sich ohne irgendeinen gesetzlichen Einfluß von selbst befestigen. Die Bank müsse — voneinander gesondert — eine Bank- und eine Valutaabteilung haben, welche beiden Abteilungen mit dem Banking und Issue Department der Bank of England zu vergleichen wären, deren scharfe Trennung die „currency school" als orthodoxe Geldlehre verlangt hatte. Bei uns solle diese Trennung weiteren Zwecken dienen. Eine gewisse Verwandtschaft zwischen dem englischen System und dem von ihm vorgeschlagenen würde aber darin liegen, daß auch in Österreich fürderhin bankmäßig ausgegebene Noten und bisheriges Papiergeld geschieden werden sollten. Der von der Österreichisch-Ungarischen Bank bisher emittierte Notenbetrag solle der Höchstbetrag sein, über den hinaus die Bank keinesfalls Inlandsnoten ausgeben dürfe.

Dagegen dürfe die Valutaabteilung Valutanoten ausgeben, für die rigorose Deckungsvorschriften bestehen müßten, die aber quantitativ nicht unbedingt begrenzt werden müßten. Sie sollten zu ein Drittel mit Gold gedeckt sein; die restlichen zwei Drittel wären unter Ausschluß des Lombardgeschäftes bankmäßig zu decken. Die als Deckung in Betracht kommenden Wechsel haben auf Valutanoten oder Gold zu lauten.

Damit ein doppelter Schutz bestände, sei auch eine Kontingentierung des Gesamtumlaufes in Erwägung zu ziehen.

Landesberger proklamiert für Österreich eine neue Goldkronenwährung oder Anschluß an eine bestehende intakte Goldwährung. Er tritt gegen Barzahlungspflicht der neuen Bank und gegen Proklamierung des Zwangskurses ihrer Noten ein[1]. Das Verhältnis der neuen Noten zu den Papierkronen müsse sich von selbst herausbilden. Die neuen Noten sollen als Handelsgeld nur marktmäßigen Wert haben. Man soll sie nur gegen die Verpflichtung, sie zu bestimmten Terminen zurückzuzahlen, erhalten. Der Diskontsatz, der bei der Ausgabe dieser Noten in Betracht komme, würde ein vom Diskontsatz für Papierkronengeschäfte verschiedener sein.

Die Handelsnoten (Goldnoten) dürfen nicht zur Bestreitung von Konsumtionskrediten in den Verkehr gesetzt werden. Sie dürfen zu all jenen Geschäften dienen, bei denen ihr termingemäßes Rückströmen gewährleistet erscheine — also vor allem für die Zwecke von Import und Export, wobei die vorübergehenden saisonmäßigen Fluktuationen des Geldbedarfes nach Ansicht Landesbergers von geringer Bedeutung sind.

Landesberger weist darauf hin, daß ihm bewußt sei, daß die Zahlungsbilanz Österreichs noch lange passiv sein werde; er weiß, daß darum die Handelsnoten nur dann ihren Kurs behaupten können, wenn die neue Notenbank in einem Kartellverhältnis zu den Zentralnotenbanken anderer Staaten stehe, die ihr ein gewisses Ausmaß von Kredit gewähren müssen. Die Bank braucht, schließt Landesberger, eine reiche Patronanz; die zu erwartenden Kredite sollten im Interesse der Bank ungefähr so groß sein wie die in Umlauf gesetzten Valutanoten.

In seinem zweiten, am 21. Oktober 1922 in der „Neuen Freien Presse" veröffentlichten Artikel verallgemeinert Landesberger seine Idee der Handelsnote und versucht aufzuzeigen, von wie großem Wert die Schaffung einer international garantierten Note für ganz Europa wäre.

Er geht davon aus, daß es in Europa keine Standardwährung gibt, seit auch die Bank von England die Barzahlung einstellen mußte. Der große Einfluß, den seither die Börsen einiger neutraler Staaten auf die Wechselkurse und damit auf die wirtschaftlichen Verhältnisse ganz Europas gewonnen haben, sei für alle Staaten sehr verhängnisvoll und sei durch die internationalen Handelsverhältnisse auch keineswegs gerechtfertigt. Aus diesem Grunde schlage er die Schaffung

[1] Er denkt sich also die neue Note als reines Handelsgeld.

internationaler Valutanoten vor, die auf einem Teil des Goldschatzes aller Staaten fundiert sein sollen.

Die Valutanoten sollten von den Zentralbanken gegenseitig ausgetauscht und deponiert werden; sie sollten womöglich in die Golddeckung einbezogen werden können; die Handelsnoten sollten aber nicht im Inneren der einzelnen Staaten zirkulieren, sondern als Zahlungsmittel sollen die diversen Inlandsnoten dienen.

Landesberger führt folgende Vorteile der Existenz solcher Valutanoten an:

1. Diese Valutanoten wären ein allgemeiner Vergleichsmaßstab, gleichsam der fixe Punkt, nach dem man die verschiedenen Werte der Inlandsnoten vergleichen kann.
2. Die Goldbasis aller Staaten würde durch die vorgeschlagenen Maßnahmen erweitert und so die Einflußsphäre des Goldes
3. vergrößert[1]. Die neutralen Märkte, die Zentren der internationalen Spekulation, wären in starkem Maße ausgeschaltet.
4. Ein Großteil aller internationalen Zahlungen ließe sich auf Verrechnungswege erledigen.
5. So würde die Schaffung solcher gegenseitig ausgetauschter Valutanoten einen Ersatz für die schon des öfteren propagierte Clearingbank der Notenbanken bilden, die nicht den Vorteil der durch die Emission von Valutanoten verbreiteten Goldbasis genösse.

Landesberger erwähnt noch, daß die Obligationen der Banken aus Ländern halbedler Valuta auch als Kreditunterlage für viele Geschäfte dienen könnten.

In seinem dritten Aufsatz propagiert Landesberger zwei Mittel zur Beschaffung des für die Führung der Inlandsabteilung der Bank erforderlichen Papierkronen-Betriebskapitales. Als solche schlägt Landesberger 1. eine Art Zwangsanleihe in der Methode der in der Tschecho-Slowakei von Dr. Raschin durchgeführten vor; nur sollte, im Gegensatz zu Tschechien, in Österreich die zurückbehaltene Hälfte des Bargeldes auf ein verzinsliches Konto gutgeschrieben werden. Im Wege der Überweisung solle jeder Kontoinhaber über seinen Saldo verfügen können. Jeder Gläubiger müsse gezwungen werden, 50% jeder Schuld in Zahlung auf Girokonto anzunehmen. Auf diese Weise würde der bar-

[1] Das Streben nach Vergrößerung der Metallbasis ist auch in Landesbergers früheren bimetallischen Schriften erkennbar.

geldlose Zahlungsverkehr einen gewaltigen Aufschwung nehmen und die Kronenabschöpfung würde sich ohne große Schädigung der Kroneninhaber vollziehen.

2. Als zweites Mittel, um weitere Kronen zu erhalten, solle die Notenbank verfügen, daß jeder, der auf einen Kredit in Goldnoten Anspruch mache, verpflichtet sei, ein gewisses Kronendepot bei der Notenbank gesperrt zu halten. Auf diese Weise würde die Bank einen Markt für Inlandskronen schaffen.

Landesberger beschließt seine Ausführungen mit einem Hinweis auf die ausschlaggebende Bedeutung, die unter allen Umständen der Zahlungsbilanz eines Landes einzuräumen sei. Von der Gestaltung der Zahlungsbilanz sei ja schließlich das Gelingen oder Mißlingen aller Währungsreformen abhängig. *Die Lösung der Geldprobleme* könne aber, seiner Ansicht nach, *unterstützend auf die wirtschaftliche Entwicklung einwirken.*

Die Ausführungen Landesbergers umfassen viele Fragen, die mit unserem speziellen Probleme nur lose zusammenhängen. Sicher ist, daß seine Anregungen seither ununterbrochen fortwirkten, daß viele seiner Vorschläge, um nur z. B. seine Idee der Verwertung ausländischer Werte anzuführen, bei der Konstituierung der österreichischen Notenbank im Jahre 1922 beherzigt wurden.

Die Idee der Doppelnote selbst erlebte, von ihm nach allen Seiten hin eifrig verteidigt, im Jahre 1920 ihre weiteste Ausgestaltung. Die Form, in der sie einige Monate nach Landesberger Vissering vortrug, ist teilweise eine Weiterbildung von Landesbergers Idee, die im Laufe der nächsten Jahre noch manche Umgestaltung erfuhr.

Die Entwicklung der Valutafrage im Jahre 1920 schien immer drängender auf eine internationale Behandlung dieses Problems hinzuweisen.

4. Die Weiterbildung der Doppelnotenidee; das System Visserings.

Zu Beginn des Jahres 1920 sanken nicht nur Krone und Mark auf bis dahin unbekannte Tiefkurse (am 20. Januar sank die Krone in Zürich auf 2, die Mark auf 9,6 Centimes); auch die Valuten der Ententestaaten erfuhren auf den neutralen Märkten neue Abschwächungen. Ende Januar wies das Pfund Sterling ein Disagio von 27% auf.

Besonders in England wurden viele Stimmen laut, die dringend die Untersuchung der Wirtschafts- und Valutalage durch eine internationale Kommission verlangten: Financiers neutraler Staaten und Englands traten zu einer Besprechung zusammen, auf der die Ergebnisse einer privaten Zusammenkunft von Finanzleuten im November des Jahres 1919 wieder durchgedacht und vervollständigt wurden. Die Hauptprogrammpunkte des Aufrufs der Financiers vom 16. Januar sind[1]:

1. Befreiung der Weltbilanz von fiktiven Posten (Kriegsschulden bankrotter Staaten).
2. Herstellung der Übereinstimmung zwischen Ausgaben und Einnahmen der einzelnen Staaten.
3. Es ist den bedürftigen Staaten ein Betriebskapital zur Verfügung zu stellen, für welches die besten Unterlagen, die die notleidenden Staaten zu bieten imstande sind, bereitzustellen wären (z. B. in Deutschland die Ein- und Ausfuhrabgaben).
4. Maßregeln zur Währungsreform sind durch den Zusammenschluß der Zentralbanken zu fördern.

Um dieselbe Zeit erschien ein Aufsatz von Keynes[2] aus dessen Buch über „Die wirtschaftlichen Folgen des Krieges", in dem er die Notwendigkeit eines Kredites von 200 Mill. Pfund Sterling, dessen Hauptteil Amerika beistellen müsse, zum Zwecke des europäischen Wiederaufbaues darlegt.

Die Bestrebungen, die damals im Gange waren, um dem kranken Europa durch Kreditgewährung und Schaffung eines internationalen Geldes auf die Beine zu helfen, sind vielfältig genug.

Doch schon um diese Zeit trat der Widerstand der amerikanischen Finanzkreise gegen Gewährung größerer Kredite an die Staaten Europas immer deutlicher hervor.

Ungefähr zur selben Zeit, als nordische Finanziers einen Plan zur Kreditgewährung an die deutsche Industrie nach Art des holländischen „revolving credit" entwarfen, erregte in Europa das Schreiben des damaligen Schatzsekretärs Glaß an die amerikanischen Handelskammern großes Aufsehen; denn in diesem Schreiben zeigt sich deutlich die ge-

[1] „Die Führenden über ihre Währungsprogramme" vom Verlag für bargeldlosen Zahlungsverkehr. Berlin 1923. S. 9ff.

[2] Siehe „Neue Freie Presse" vom 23. Januar 1920.

ringe Geneigtheit weitester Kreise in Amerika zu einer Kreditgewährung an Europa.

Mannigfach sind die Gründe, die damals Amerika zu seiner Haltung bestimmten. Die Partei der „Unversöhnlichen" hat sich durch ihren Redner, den Senator Borah, schließlich endgültig gegen einen größeren Kredit an Europa ausgesprochen.

Die Tendenz der Nichteinmischung in europäische Verhältnisse gewann ja schon seit der Konstituierung der Friedensverträge in Amerika immer mehr an Boden.

Vor allem war die Geldknappheit um diese Zeit auf der ganzen Welt und auch in Amerika sehr groß; das amerikanische Kapital, das gewöhnt ist, in Amerika selbst fortwährend neue günstige Verwertungsmöglichkeit zu finden, sah viel zu wenig Anreiz zu einer Anlage in Europa. Vor allem wuchs das Mißtrauen gegenüber der schlechten Wirtschaftspolitik der meisten Staatsregierungen immer mehr.

Dies festzustellen, ist für die Entwicklung des Doppelnotenplanes nicht unwesentlich; wenn die Hoffnung auf große amerikanische Kredite immer mehr schwinden mußte, so waren damit auch die Voraussetzungen für die Konstituierung neuer Notenbanken in Frage gestellt.

Andererseits war natürlich das Interesse vieler amerikanischer Kreise an einem Wiederaufleben alter Handelsbeziehungen nicht gering. Es traten nur andere Formen der Kreditgewährungen in den Vordergrund. Das Bestreben ging ja vor allem dahin, die eigenen stark gestiegenen Erzeugungskosten dadurch herabzusetzen, daß man Europa für sich in Lohn arbeiten ließ. Betriebskredite für die europäische Industrie rückten also in den Vordergrund; auch in England war von der Gewährung von Rohstoffkrediten an Deutschland im Interesse der englischen Fertigfabrikation, die in manchen Belangen auf den Bezug kontinentaler Halbfabrikate angewiesen ist, die Rede.

Auf diese Wurzeln ist der englisch-amerikanische Vorschlag vom Mai 1920 zurückzuführen, in dem die Schaffung von Schecks auf Goldmark für langfristige Lieferungen propagiert wird.

Auch dieser Gedanke ist wie das Programm Visserings schon eine Weiterbildung des Doppelnotenprinzips unter Ausschaltung einiger seiner Fehler.

So brachte schon der Mai 1920 eine Korrektur der ursprünglichen Gedankenelemente, die erst einen Monat vorher, im April 1920, zur

Zeit als Vissering sein großzügiges Programm entwickelte, eine Art Abschluß gefunden hatten.

Das Programm Visserings ist darum so interessant, weil es eines der ersten in einem neutralen Staate vorgebrachten Projekte ist, in denen die österreichische Valutafrage mit wirklich großer Aufmerksamkeit durchdacht ist. Vissering, der Präsident der Niederländischen Bank, gehört der Gruppe jener Financiers an, denen eine internationale systematische Behandlung der Geld- und Wirtschaftsformen Europas als dringendes Erfordernis erschien. Auch die neutralen Staaten hatten damals ihre besonderen wirtschaftlichen Nöte; der Ausgangspunkt Visserings war nicht derselbe wie der Landesbergers und Benedikts. Für diese beiden stellte die Schaffung einer Goldnote eine Art Selbsthilfe der produktiven Stände in den Staaten mit einer besonders lädierten Valuta dar. Landesbergers Ausgangspunkt tritt in einem kleinen Aufsatz, den er in der „Neuen Freien Presse" im März 1920 über seine Eindrücke in England veröffentlichte, deutlich hervor. Landesberger betont an dieser Stelle, daß die Engländer von Österreich darum eine so geringe Meinung hätten, weil Österreich gar nichts für seine Valuta täte. Die Engländer, die ihr Geld seit jeher mit solcher Aufmerksamkeit verwaltet haben, könnten es gar nicht begreifen, daß ein Staat der Gestaltung der Wechselkurse so passiv zusehe. Landesberger meint, schon ein zielbewußter Versuch, den wir zur Reorganisierung unserer Währung unternähmen, würde unser Ansehen in England und damit auf der ganzen Welt heben.

Visserings Ausgangspunkt ist der Gedanke der Notwendigkeit einer internationalen Regelung der wichtigsten Wirtschaftsfragen.

Das Wort „Internationalisierung" war um diese Zeit geradezu ein Schlagwort geworden. Die Staaten, die jahrelang die Qualen des Wirtschaftskrieges erduldet hatten, sahen, in Reaktion gegen die Folgen der bis dahin herrschenden Konstellation, in einer gemeinschaftlichen Inangriffnahme der Probleme den einzigen Ausweg.

Chauvinismus und Wirtschaftskrieg haben ja auch im Jahre 1923 noch nicht aufgehört; aber in den Jahren, die zwischen dem Weltkrieg und der heutigen Zeit liegen, gibt es immer wieder Augenblicke, in denen verwandte wirtschaftliche Nöte die Interessen der Staaten einander nähern, in denen Strömungen für Herstellung einer gemeinsamen Wirtschaftspolitik die Oberhand zu gewinnen scheinen[1]. Solche Strömungen waren im Jahre 1920 in reichlichem Maße vorhanden; wenn es aber schließlich zu Konferenzen kam und die Früchte dieser Bestrebungen geerntet werden sollten, erlebten diejenigen, die auf Hilfe vor allem angewiesen waren, stets eine neue Enttäuschung.

Sogar in Frankreich trat man damals für eine internationale Behandlung der wichtigsten Wirtschaftsprobleme ein; so z. B. eröffnet der damalige französische Handelsminister Isaac die interalliierte Wirtschaftskonferenz am 7. Mai dieses Jahres mit einem Hinweis auf die allgemeine Erkenntnis, daß die wichtigen Rohstoffe (Kohle, Petroleum usw.) international bewirtschaftet werden sollen; zu den Gegenständen, die man einer internationalen Behandlung unterziehen müsse, gehöre auch das Geld. Diesem Gedanken schloß sich auch Sidgen, ein Mitglied des englischen Unterhauses, an und der belgische Ministerpräsident Delacroix hatte schon den Alliierten die Schaffung einer internationalen Banknote vorgeschlagen.

Auf ähnliche Ideologien geht Visserings Projekt zurück.

Ende März 1920 wurde in den österreichischen Zeitungen der Inhalt der Visseringschen Denkschrift über die Sanierung wiedergegeben.

Vissering geht davon aus, daß neben den Papierkronen eine Exportkrone eingeführt werden müsse, die den Wert der alten Goldkrone haben solle. Diese Exportkronen sollen durch eine neue, von verschiedenen Ländern finanzierte Bank ausgegeben werden. Die Papierkronen sind allmählich aus dem Verkehr zu ziehen; für das Gelingen dieser Operation sei in den kranken Staaten eine Kapitalsabgabe durchzuführen. Die Staaten Europas sollen eine gemeinsame Anleihe organisieren; jedes Land soll Kredite in seiner eigenen Währung bekommen — die plötzliche Einführung einer Goldwährung würde zu große praktische Schwierigkeiten bieten. Die Kredite sollten aber international garantiert sein; die 55 Millionen Dollars, die von Amerika für die notleidenden Staaten Europas schließlich gewährt worden waren, sollten diesem Zwecke dienstbar gemacht werden[2].

---

[1] Manche der auf den verschiedenen Wirtschaftskonferenzen des Jahres 1920 gehaltenen Reden erinnern geradezu an die zur Zeit Napoleons III. beliebten Lobpreisungen des Internationalismus; und charakteristischerweise wurde ja auch in den sechziger und später in den achtziger Jahren des vorigen Jahrhunderts ein „Weltgeld" propagiert.

[2] Aus all den Gründen, die in Amerika gegen eine größere Kreditgewährung an Europa sprachen, wurde im amerikanischen Senat im Februar 1920 bloß ein

Vissering will, daß auf die Handelsbilanzen in dem Sinne eingewirkt werde, daß die Einfuhrüberschüsse allmählich verschwinden. Dazu ist eine internationale Kontrolle der Ein- und Ausfuhr notwendig. Zu diesem Zwecke schlägt er die Einsetzung einer gemeinsamen Kommission für alle Staaten vor, der die Verteilung der Rohstoffe und sonstigen Waren des internationalen Handels unterstehen soll. Diese Gedanken formuliert Vissering in fünf Grundsätzen in einer Artikelserie im „Allgemeenen Handelsblad" in folgender Weise:

1. Einstellung des Schaffens künstlicher Kaufkraft durch Ausgabe von Staats- und Gemeindeschuldverschreibungen und Papiergeld einschließlich der Banknoten.
2. Prüfung der Schulden.
3. Eine allgemeine Kreditorganisation unter Teilnahme aller bestehenden Länder.
4. Einrichtung eines organisierten Güteraustausches für valutaschwache Staaten.
5. Prüfung des Münz- und Notenbankwesens in valutaschwachen Ländern.

Auf welche Weise er sich die Durchführung der Punkte 1 und 5, ergänzt durch Verwirklichung der anderen Programmpunkte, vorstellt, legt Vissering am Beispiel Österreichs dar. Mit der Durchführung seines Sanierungsplanes für Österreich will Vissering auf die Finanzaktionen der anderen notleidenden Staaten beispielgebend einwirken.

Seine Pläne in ihrer Anwendung für Österreich hat er im April 1920 in einer Artikelreihe in der „Neuen Freien Presse" dargelegt und durch diese Veröffentlichungen die Diskussion über diese Fragen, speziell über die Doppelnote, in besonderem Maße angeregt.

Visserings Aufsatz vom 4. April befaßt sich mit der Reorganisierung eines weiten Gebietes; er will seine Pläne nicht nur für Österreich, sondern auch für Ungarn und etwa auch andere Sukzessionsstaaten verwirklicht sehen.

Er stellt an die Spitze seiner Betrachtungen das Verhältnis zwischen Gütern und Notenmenge und weist darauf hin, daß selbst ohne Vermehrung der Notenmenge infolge der im Krieg stattgefundenen Zerstörung der Güter nun eine kleinere Gütermenge dem Gelde gegen-

---

Kredit von 55 Millionen Dollar anstatt der durch die Edge-Bill vorgeschlagenen 150 Millionen, gewährt.

überstehen würde. Hierzu käme auf der anderen Seite die ungeheure Vermehrung der Zahlungsmittel, die vor allem aufhören müsse, um die Wirtschaft wieder ins Gleichgewicht zu bringen. Ferner müßten Ausfuhrüberschüsse produziert werden, in welchen Vissering eine Voraussetzung für die Sanierung des Geldes sieht. Als Mittel zur Erzielung einer aktiven Handelsbilanz erkennt Vissering von Österreich zu leistende Lohnarbeit, Verschifferdienste usw. an.

Für die Zwecke der Wiederbelebung des Handels sei eine Exportnote zu schaffen als Wertmaßstab und Rechnungseinheit. Die Form der Regelung der Währungsverhältnisse beschreibt Vissering in seinem nächsten Aufsatz des näheren: Die im Kriege emittierten Schuldverschreibungen müßten amortisiert werden; durch Steuern und Abgaben[1] würde ein großer Teil der Kronen zurückfließen. Neue Papierkronen dürften nicht ausgegeben werden.

Der Bezahlung der Auslandsgläubiger sei besondere Aufmerksamkeit zuzuwenden, da diese mit ihren österreichischen Kronen jederzeit gegen den Stand der österreichischen Währung operieren können. Darum sollen die im Auslande zirkulierenden Kronenbeträge in eine festverzinsliche langfristige Anleihe umgewandelt werden.

Die Regelung all dieser Fragen würde aber lange Zeit in Anspruch nehmen; indes müsse eine neue Rechnungseinheit geschaffen werden[2]. Die alten Papierkronen und die neuen Exportkronen müßten in scharfer Trennung voneinander gehalten werden. Eine internationale Bank (Vissering weist hierbei auf das Beispiel der seinerzeitigen Bank von Algeciras hin) würde wohl imstande sein, eine solche Trennung aufrechtzuerhalten.

Vissering unterscheidet sich von den anderen Verteidigern der Doppelnote darin, daß er von einer Ausgabe realer Goldnoten nichts wissen wollte; wenn wir seine Apologie einer fiktiven Goldrechnungseinheit, die er in seinem dritten Aufsatze brachte, durchdenken, so erkennen wir, daß Vissering eigentlich nicht mehr den Doppelnotenanhängern im engsten Sinne des Wortes zuzuzählen ist.

---

[1] In einer Kapitalsabgabe sah Vissering, wie schon erwähnt, eine der für die notleidenden Staaten zu fordernden Sanierungsmaßnahmen.

[2] In der Forderung nach einer neuen Rechnungseinheit für die Zeit von der Gründung einer neuen Notenbank bis zur vollendeten Regulierung der Währungsverhältnisse, in dieser Forderung nach einer halben Maßnahme, liegt die Gemeinsamkeit aller hier besprochenen Pläne.

Was er zum ersten Male systematisch entwickelte, das sind die Grundsätze einer kaufmännischen Goldrechnung in ihrer Anwendung bei der Führung einer internationalen Bank. Man beachte nur seine Forderung, die „Bank“ dürfe nicht Besitzerin von Papierkronen werden; es solle ihr die Verpflichtung auferlegt werden, jedes entstehende Guthaben in Papierkronen durch eine Kontraposition sofort in Goldkronen zu decken. Diese Forderung hat eine absolute Ähnlichkeit mit den Prinzipien der Landeswährungsbalanzen, die Dr. Geiringer als eines der für die kaufmännische Führung von Industrie- und Handelsbetrieben in Staaten schwankender Valuta dringendsten Erfordernisse anführt[1].

Dieser Gedanke, den wir im weiteren Verlauf unserer Arbeit besprechen werden, bedeutet schon eine Weiterbildung und Umwandlung des ursprünglichen Doppelnotenprinzips.

An dieser Stelle wollen wir nur noch darstellen, wie Vissering sich die Verwirklichung seines Planes dachte, den er die Schaffung einer Goldnote nannte und der doch besser die „Einführung der Goldrechnung im Bankbetrieb“ heißen sollte.

Vissering weist auf die Amsterdamsche Wisselbank und auf die Hamburger Bank hin, die mit großem Erfolge, die erste 150 Jahre lang, die zweite während zweier Jahrhunderte, einen Bankgulden resp. eine Bankmark als fiktive Rechnungseinheit eingeführt hatten; auch der chinesische Tael und die Guinea in England seien nur fiktive Rechnungseinheiten[2].

Die neue österreichische Bank solle also in einer fiktiven Währung für ihre Klienten Konten führen. Exportkronen sollen nicht realiter emittiert werden, sondern nur in Form von Buchforderungen und Buchschulden existieren. Denn, meint Vissering, wirkliche, auf Gold lautende Noten könnten thesauriert werden, während Buchforderungen besser kontrolliert

[1] Siehe „Mitteilungen des Verbandes östecreichischer Banken und Bankiers“. Jahrgang 1922. Dezemberheft. Dr. Ernst Geiringen, Zum System der Goldrechnung.

[2] Gerade die Rechnungseinheiten, auf die Vissering hinweist, wurden zur Sicherung eines bestimmten Quantums Metall in Ablehnung der staatlichen, wertunbeständigen, nämlich häufig verschlechterten Münzen eingeführt; über sie konnte nicht auf dem Kreditwege, sondern erst nach Einlieferung eines bestimmten Metallquantums durch die Giranten verfügt werden. Außerdem hatten die Landesmünzen um diese Zeit, da sie doch meist nur für kleine Territorien galten, weit weniger Bedeutung als heutzutage das für ganze Staatsgebiete gültige Papiergeld.

werden könnten; es sind ja, sagt Vissering, auch bei der Bank von England, die „other deposits" größer als die umlaufende Notenmenge.

Die Valutapolitik der Bank solle vor allem in einer Devisenpolitik, sog. Gold-exchange-Politik bestehen, die ja von Holland im Verkehr mit den Kolonien und von der Österreichisch-ungarischen Bank vor dem Krieg mit gutem Erfolg angewandt worden sei.

Die von Vissering propagierte Bank wäre auch die beste Treuhänderin für die Verwaltung der ausländischen Kredite; ihr Stammkapital solle durch die reichsten europäischen Staaten aufgebracht werden, die dafür auch Direktoren senden sollten. Die Bank dürfe nicht Besitzerin von Papierkronen werden; sie dürfe zwar wohl Papierkronen-Konti führen, müsse aber für jedes entstehende Guthaben in Papierkronen eine Papierkronenschuld kontrahieren. Vor allem habe die Bank für andere Banken und für andere Kapitalisten und im Verkehr mit dem Auslande stehende Personen Konti in Exportkronen zu eröffnen. Es wäre wünschenswert, daß die Leitung dieser Bank in die Liquidationskommission der Österreichisch-Ungarischen Bank einträte, wo sie in objektiver Weise bei der Behandlung schwieriger Fragen mithelfen könnte.

Vissering weist selbst auf die Verwandtschaft seiner Anschauungen mit denen Landesbergers hin; er betont noch, daß er nicht wünsche, daß der Gegenwert der fiktiven Goldnoten in Metall bestände, sondern daß Devisen den Hauptbestandteil des Vermögens bilden müßten.

Die Papierkrone, so schließt er, ist ein Unkraut, das nur durch Trockenlegung des Sumpfes verschwinden kann.

5. Umformung und Überwindung des Doppelnotengedankens.

Von der Zeit des ersten Entwurfes des Visseringschen Planes bis zur Brüsseler Finanzkonferenz vom Herbst 1920 (24. September bis 28. Oktober 1920) wurde der Gedanke an eine internationale Regelung der Geldprobleme niemals ganz fallen gelassen. Die Einberufung der Brüsseler Finanzkonferenz war selbst ein Resultat dieser Bestrebungen. In den Vorstudien zu dieser Reunion der besten Finanzfachleute aller Staaten stand der Plan Visserings nebst verwandten Gedanken aus Österreich im Mittelpunkte der Diskussion — gerade die Zusammenfassung der Ergebnisse der Brüsseler Konferenz aber brachte ein deutliches Abrücken von dem ursprünglichen Doppelnotenprinzipe. Denn nicht die Emission einer internationalen Banknote wurde darin gefordert, wie sie Delacroix und in seiner Art Vissering vorgeschlagen hatten, nicht die Schaffung neuer Währungen wurde hierin als wünschenswert bezeichnet sondern Ter Meulens Projekt, in dem nur Elemente der Visseringschen Ideen zur Anwendung gelangten, in dem aber die internationale Regelung der Organisierung des Kredits und nicht Währungsfragen dargetan werden[1]).

In Österreich selbst waren schon im Herbst 1919 prinzipielle Gegner des Doppelnotenplanes aufgetaucht; im Frühling 1920 setzte eine lebhafte Diskussion über diesen Gedanken ein. Auch in Deutschland fanden sich Kritiker dieser Pläne, und die Analyse des Doppelnotengedankens, die damals ausgearbeitet wurde, trug nicht wenig dazu bei, daß dieses Projekt in den nächsten Jahren immer mehr an Boden verlor. Wir wissen, daß die Kritiken, die z. B. Schwarzwald, Federn und Weckerle in Österreich, Heyn u. a. in Deutschland an dem Projekt übten, auf dessen Schicksal weniger Einfluß gewannen als der in Brüssel sichtbar werdende Widerstand Frankreichs gegen eine Internationalisierung des Geldwesens; — der französische Referent Celier trat Delacroix' Projekt einer internationalen Emissionsbank unter Hinweis auf die Gefährdung der nationalen Selbständigkeit der schwächeren Staaten entgegen. Daß Frankreich dieses Bedenken naheliegen mußte, ergibt sich aus seiner Stellung als Schuldnerstaat Englands und Amerikas, deren Kontrolle ihm unwillkommen sein mußte — immerhin waren aber auch alle diese Kritiken, die ja schon vor der Brüsseler Konferenz ausgesprochen wurden, eine Art Vorbereitung auf die in Brüssel über die Geldfrage gewonnenen Resultate, die Sektionschef Dr. Schüller vom Ministerium des Äußeren Ende Oktober des Jahres 1920 in einem in der Gesellschaft der Volkswirte gehaltenen Vortrag folgendermaßen zusammenfaßt:

„Die Brüsseler Finanzkonferenz hat vor allem die Überzeugung ausgesprochen, daß die Lösung des Problems der Passivität der Zahlungsbilanzen der meisten europäischen Staaten (das Passivum der europäischen Zahlungsbilanz gegen Übersee beträgt im Jahre 1919 5 Milliarden Dollar) nicht durch irgendeine Erfindung erfolgen könne; sie hat die von verschiedenen Seiten verkündeten Panazeen, wie Schaffung eines internationalen Geldes oder einer internationalen Rechnungseinheit, Fixierung des Verhältnisses zwischen Papiergeld und

[1] Vgl. „Die Führenden über ihre Währungsprogramme". S. 12ff.

Gold, Fixierung des Goldwertes usw., entschieden und mit Recht abgelehnt."

Die Forderung nach Wiedereinsetzen des Freihandels mit den Sukzessionsstaaten, Verpfändung unbeweglicher Werte des Staates zum Zwecke der Erlangung auswärtiger Kredite, Bildung einer Trustgesellschaft zur Verwaltung der verpfändeten Werte und der erlangten Kredite, Kredite, die für die Übergangszeit bis zur Wiederherstellung der Harmonie der Zahlungsbilanz ebenso groß sein müßten wie das jährliche Produktionsdefizit Österreichs — dies sind die für Österreich im Sinne der Brüsseler Konferenz und des über diese Ergebnisse berichtenden Sektionschefs Schüller aufgestellten Forderungen.

Diese Gedanken gewannen denn auch immer mehr die Oberhand; wenn die „Neue Freie Presse" auch im Jahre 1921 in den Sanierungsvorschlägen des Präsidenten der Reparationskommission Sir William Goode ein Wiederaufleben der Doppelnotenidee finden will, wenn auch Goode selbst diesen Gedankengängen nahestand und in seinem Kreditprogramm für Österreich [1] die Errichtung einer Notenbank einen wesentlichen Bestandteil bildet, so besteht doch ein großer Unterschied zwischen den im Jahre 1921 entwickelten Programmen und der ursprünglichen Doppelnotenidee. Von der Idee der Schaffung eines neuen Umlaufsmittels war man immer mehr abgekommen. Hatte man ja vor allem an dem Beispiele der Tschechoslowakei gesehen, daß ganz andere Faktoren als die Errichtung einer neuen Bank für die Gestaltung des Geldwesens eines Staates ausschlaggebend sind. Ohne Schaffung einer neuen Bank oder einer neuen Rechnungseinheit war die tschechische Währung zu internationalem Ansehen gelangt; Erzielung von Ausfuhrüberschüssen, Herstellung des Gleichgewichtes im Staatshaushalte, bewirkt durch große Steuern und sparsame Ausgaben, auswärtige Anleihen und schließlich Einstellung der Notenpresse und fortwährendes Abschöpfen der Notenmassen — dies waren die Komponenten einer konsequenten Deflationspolitik in der Tschecho-Slowakei; auch diese konnte ja nicht ohne aus-

[1] Vgl. das Finanzprogramm des Völkerbundes aus dem Jahre 1921 und die Kritik, die daran in der Sitzung der Handelskammern am 10. Mai von den Mitgliedern der Kammer und dem Bankdirektor Hammerschlag geübt wurde. Hammerschlag perhorresziert die Durchführung aller währungspolitischen Maßnahmen, die vor Schaffung einer Garantie für die Möglichkeit ihrer Aufrechterhaltung durchgesetzt werden sollen.

wärtige Hilfe durchgeführt werden; aber die Basis der Aktion bildete weder ein internationales noch ein nationales Währungsexperiment, sondern das Ineinanderarbeiten von Maßnahmen gegen das Staatsdefizit und gegen das allgemeine Produktionsdefizit, verbunden mit einer Hilfe des dieser Politik vertrauenden Auslandes.

Die unmittelbaren Gefahren, die die Einführung einer Doppelnote für die Wirtschaft gehabt hätte, wurden schon in der Zeit der ersten Propaganda für diese Idee erkannt.

Im Frühling 1920 veröffentlichte Schwarzwald im „Neuen Wiener Tagblatt" unter dem Titel „Valutakuren" einen scharfen Aufsatz gegen die Doppelnote. Er sieht in diesem Projekt einen „Versuch internationaler Bankkreise, ihre gewinnbringende Tätigkeit auszudehnen durch den Kredit und auf Kosten derjenigen, die solche neue Noten annehmen, behalten und bei sich zirkulieren lassen".

Ihm erscheint die Doppelnote bloß als ein neuer Zettel, der, solange in ihn Vertrauen gesetzt wirde, thesauriert werden würde; er betont, daß stets das schlechte Geld das gute Geld verdrängte, die Einführung besserer Noten der alten Papierwährung nur schaden könnte. Schwarzwald sieht nur in einer Rückkehr zum Metallgeldumlauf eine Heilung des Geldwesens und verurteilt das Papiergeld in allen Spielarten auf das schärfste.

Die „Neue Freie Presse" versucht, viele seiner Argumente in ihrem Abendblatt vom 20. April mit folgenden Bemerkungen zu widerlegen:

1. Der Kredit fremder Staaten wäre für unsere Valuta jedenfalls förderlich.
2. Die alte Valuta könne dadurch, daß sie gegen eine bessere umtauschbar wäre, nur an Wert gewinnen.
3. Die Parallelwährung hat sich gerade in Österreich schon einmal bewährt.
4. Wenn die Fundierung der Doppelnote, wie Schwarzwald sagt, zur Aufrechterhaltung ihres Wertes nicht reicht, so reicht das erlangbare Gold für die Bedürfnisse eines mit Metall zu sättigenden Verkehrs erst recht nicht. Von einer Rehabilitierung des Silbers, die Schwarzwald vorschlägt, erwartet die „Presse" nichts. Die Propagierung einer vollen Metallwährung bedeutet, nach Ansicht der „Presse", die Aufgabe eines erreichbaren kleineren Zieles (die Einführung der Doppelnote) um eines unerreichbaren Zieles willen.

Diese Bemerkungen der „Presse" bringen keine evidente Widerlegung der von Schwarzwald gebrachten Einwendung gegen die Doppelnote. Sie gehen teilweise auf Schwarzwalds Befürchtung gar nicht ein.

Ein interessantes Argument gegen Schwarzwald, das einen der schwachen Punkte des Doppelnotenprogramms deutlich enthüllt, bringt Schmid-Dasatiel; Schmid weist nämlich Schwarzwalds Einwendung, die gute Goldnote würde thesauriert werden, damit zurück, daß er sagt: „Für den Kredit, den die Kaufleute in Importkronen erhalten wollen, müssen sie ja auch Zinsen bezahlen" (weshalb man dieses Geld, seiner Ansicht nach, doch nicht zinsenlos liegen lassen würde).

Hier tritt zum ersten Male die Problematik der Exportkrone klar zutage[1]. Diese Problematik wirft ein Streiflicht auf den Charakter der Goldnote. Die Erkenntnisse der klassischen Nationalökonomie über den Unterschied zwischen Geld und Banknote, zwischen einlöslichen und uneinlöslichen Banknoten, zwischen Papier und Metall, hatte man nicht berücksichtigt; die Erkenntnis der Irrtümer der Banking-Theorie waren nicht Gemeingut der Finanzwissenschaft. Die Argumente, die z. B. Heyn gegen Vissering vorbringt, sind nicht die Argumente einer systematischen Geldtheorie[2]; sie beleuchten einzelne praktische Schwierigkeiten, die sich der Verwirklichung von Visserings Problemen entgegenstellen; es werden Detailfragen erörtert; so z. B. wendet sich Heyn aus nationalen Gründen gegen eine internationale Regelung des Finanzproblems.

Eine genaue geldtheoretische Analyse des Doppelnotenprinzips wurde aber nirgends versucht und dieser Umstand trägt einen Teil der Schuld daran, daß das Prinzip als solches mit allen seinen Fehlern, trotzdem es die Praxis immer wieder mit gesundem Instinkt abgelehnt hat, in etwas verwandelter Form des öfteren wieder auftaucht und immer wieder Verwirrung anrichten könnte.

Die Pläne zur Schaffung einer Notenbank, die neben dem alten Papiergeld zirkulierende Goldnoten ausgeben sollte, die Pläne zur Garantierung dieser Note durch die internationale Finanz, verloren seit der Brüsseler Konferenz wohl immer mehr an Boden.

In den Protokollen der Konferenz von Genua (April 1922) findet sich von all diesen Entwürfen nichts mehr. Die Herausarbeitung des Unterschiedes zwischen Kredit und Geld, die strenge Scheidung der

[1] Vgl. Sonn- und Montagszeitung" vom 3. Mai 1920.

[2] Vgl. „Bankarchiv" April 1920.

Organisierung der Krediterteilung von währungspolitischen Aktionen trat seit der Zeit, da Ter Meulens Projekt einer Kreditorganisation gegenüber den Weltgeldideen in den Vordergrund getreten war, immer deutlicher zutage[1].

Die allgemeine Erkenntnis der Folgen des Funktionierens von zweierlei Rechnungseinheiten in einem Staate resp. in mehreren Staaten hatte sich aber zu jener Zeit noch nicht durchgesetzt. Diese Folgen konnten auch damals noch nicht beurteilt werden; denn die Durchsetzung der Goldrechnungsmethode neben der Papierrechnung erfolgte nur allmählich und begann in allen Staaten nur sehr langsam weitere Kreise zu ziehen. Die Goldrechnungsidee ist eine Weiterbildung der Visseringschen Idee der Schaffung einer stabilen Rechnungseinheit. In Vissering, einem der eifrigsten Vertreter der Doppelnotenidee[2], haben wir einen der Väter der Goldrechnungsmethode kennengelernt. Zu seiner Zeit aber steckte die Ausgestaltung der Goldrechnung noch in den Kinderschuhen. Erst zwei Jahre später rückte sie in den Inflationsländern ins Zentrum der Erörterungen und dürfte heute in Österreich am weitesten erkannt und sowohl in ihrer Notwendigkeit für die Geschäftsführung des Einzelbetriebes als auch bezüglich der Grenzen ihrer Verallgemeinerung richtig beurteilt werden.

Ihre technische Ausgestaltung für den Geschäftsbetrieb ist in der Hauptsache ein buchhalterisches Problem, das noch heute der Buchhaltungswissenschaft manche schwere Aufgabe stellt. Ihr Nutzen für die Rationalität der Wirtschaftsführung, also auch für die Rationalität der Wirtschaftsgebarung des Fiskus, ist heute unbestritten.

Zur Klärung all dieser Fragen trug eine zu Beginn des Jahres 1922 im Wiener Tagblatt angeführte Diskussion bei, die durch einen Artikel des Ingenieurs Rud. Würinger am 14. Januar begonnen und durch einige sehr gute Aufsätze Schwoners, des volkswirtschaftlichen Redakteurs dieser Zeitung, abgeschlossen wurde.

Die Diskussion über diese Fragen wurde dann immer wieder aufgenommen; sie hat gerade heute für Deutschland und den deutschen Geschäftsmann besondere Bedeutung und ist für alle Inflationsländer eine Tagesfrage. Denn Goldrechnung ist für den Einzelnen ein

[1] „Die Führenden über ihre Währungsprogramme". S. 27ff.

[2] Vissering trat auch noch im Oktober 1922 auf der Konferenz der ausländischen Sachverständigen in Berlin für eine provisorische Stabilisierung resp. für Parallelwährung in einer Übergangszeit ein. Vgl. „Die Führenden . ." S. 59ff.

„Surrogat für die Stabilisierung des Geldes“[1]; da aber in dem Augenblick, in dem alle zu diesem Surrogat greifen, die Möglichkeit des Funktionierens eines sich ständig an Wert vermindernden Papiergeldes aufgehört hat, da die Verallgemeinerung der Goldrechnung auf eben dieselben Schwierigkeiten stößt wie die Existenz einer Goldnote neben einem Papiergelde, da schließlich Doppelnotensystem in seiner vorsichtigsten Ausgestaltung und Goldrechnungssystem fast dasselbe sind, so sind der Verallgemeinerung der Goldrechnung eben dieselben Grenzen gesetzt wie der segensreichen Wirkung des Goldnote. Die Wirkung einer Goldnote auf die Wirtschaft eines Staates, die wir im Rahmen dieser Arbeit aufzeigen werden, deckt sich mit den letzten Folgen der Goldrechnung, so daß mit dieser Arbeit nicht nur das Doppelnotensystem, sondern auch die Goldrechnung in ihren Konsequenzen beleuchtet erscheinen wird.

Zweiter Teil.

Zur Kritik des Doppelnotensystems.

I. Das Wesen der Doppelnote.

Unter den vielen währungspolitischen Projekten der Nachkriegszeit zeichnet sich der Plan, eine Doppelnote zu schaffen, dadurch aus, daß er, von ernsten Sachverständigen propagiert und mit ernsten Argumenten verteidigt, im Gegensatze zu manchen utopistischen Ideen der damaligen Zeit auf den ersten Blick etwas Bestechendes hat.

Nur durch genaue Prüfung der Doppelnotenidee ist es möglich, die Schwächen dieses Projektes unfehlbar zu erkennen.

Um die Wirkungen der Einführung einer auf Gold fundierten Note neben dem Papiergelde beurteilen zu können, muß vorerst der Währungstypus erfaßt werden, der durch die Verwirklichung des Doppelnotenprojektes entsteht.

Die der Doppelnote eigentümlichen Wesenselemente sind nun:

1. daß zwei Währungen nebeneinander funktionieren, ohne daß zwischen beiden Geldsorten ein Wertverhältnis festgesetzt wird;

2. daß beide Geldsorten Papiergeld sind und zwar beide formell Banknoten, de facto auf der einen Seite das alte Staatspapiergeld und neben diesem Banknoten einer neuen Bank.

---

[1] Vgl. „Neues Wiener Tagblatt“ vom 12. März 1922.

Es müssen demnach die Probleme der Doppelwährung einerseits, die Probleme jedes Notensystems andererseits untersucht werden; hieraus erst wird sich ein sicheres, fundiertes Urteil über das Doppelnotenprinzip ergeben können.

Nun zeigt sich in der Literatur über die Doppelnote, daß zwar die Problematik der Duplizität der existierenden Währungen in den Kritiken — hie und da in ausführlicher Weise, häufig nur schlagwortartig — behandelt wurde; daß aber das dem Notencharakter der propagierten Währung Eigentümliche viel weniger Beachtung fand; was freilich dadurch erklärlich ist, daß die Frage der Banknoten seit Jahrzehnten, ja fast könnte man sagen ein Jahrhundert lang, ohnehin im Mittelpunkt der meisten Diskussionen über das Geldwesen steht und daß man sich andererseits an die Herrschaft des Papiergeldes seit 1914 gewissermaßen gewöhnt hatte — was ja nicht gerade heißen muß, daß man es allgemein billigte; aber an sich fiel es nicht auf, daß in einer Gruppe von Währungsreformvorschlägen von Goldnoten und nicht von Gold gesprochen wurde.

II. Das Doppelnotensystem als Parallelwährung.

Die Einführung einer Doppelnote in der Art, wie sie von den meisten ihrer Verteidiger propagiert wurde, hätte einen Währungszustand geschaffen, den die Wissenschaft und Praxis als Parallelwährung bezeichnen[1].

Von einer parallelen Währung nämlich wird dann gesprochen, wenn zwei Geldsorten als gesetzliche Zahlungsmittel verwendet werden, ohne daß das Wertverhältnis zwischen den beiden Geldsorten gesetzlich festgelegt erscheint; Doppelwährung dagegen nennt man die Währung dann, wenn das Wertverhältnis zwischen beiden Geldsorten gesetzlich fixiert ist.

An eine Fixierung des Wertverhältnisses zwischen dem Werte der alten Papierkrone und dem der neuen Importkrone dachte niemand ernstlich. Durch Erfahrung belehrt, erkannte man es doch gerade als eine der Hauptaufgaben der neuen Krone, vom Schicksal der alten Papierkronen unabhängig zu machen. Es war den Proponenten der Doppelnote klar, daß die Fixierung eines Wertverhältnisses nur dann einen Sinn hätte, wenn die neue Bank verpflichtet würde, sofort alle

[1] Vgl. K. Helfferich, Geld und Banken. I. Teil. Leipzig 1919. S. 387.

alten Noten in neue einzulösen, wie es z. B. anno 1811 geschah, als man die Wiener Bankozettel in einem bestimmten Verhätnis in Einlösungsscheine umtauschte.

Die Nachteile eines solchen Vorgehens waren fast allen Vertretern der Doppelnotenidee klar. Man wußte auch, daß, wenn beide Geldsorten als gesetzliche Zahlungsmittel weiterhin anerkannt würden und ihr Wertverhältnis gegenseitig fixiert sei — also eine Doppelwährung geschaffen wurde —, sich alle Folgen des Greshamschen Gesetzes in der schärfsten Form zeigen würden[1].

Historisch und theoretisch gilt es als erwiesen, daß stets das „schlechtere" Geld — d. h. das Geld, dessen Wert im Austauschverhältnis der anderen Sorte gegenüber größer angenommen war, als es den inzwischen veränderten Verhältnissen entsprach — das gute Geld verdrängt[2]. Diese Gefahr nun wird durch die Propagierung einer Parallelwährung — d. h. bei Nichtfestlegung des Wertverhältnisses zwischen den beiden als gesetzliche Zahlungsmittel anerkannten Geldsorten — nach Ansicht der Verteidiger der Doppelnote — aus der Welt geschafft. In Wahrheit aber wird die Schwierigkeit, wenn das Wertverhältnis zwischen den beiden Geldsorten nicht festgelegt ist, nur verhüllt, aber nicht behoben.

Die Fragen der Parallelwährung wurden in der Nationalökonomie schon öfter und gegen Ende der achtziger Jahre des vorigen Jahrhunderts besonders gründlich erörtert; es war in der Zeit, als weite einflußreiche Schichten aller Staaten für den Bimetallismus, für das Nebeneinanderbestehen zweier Währungen eintraten[3].

Man hatte Versuche gemacht, in einzelnen Ländern das Verhältnis zwischen Gold und Silber festzulegen, und stets gesehen, daß jederzeit das unterschätzte Metall aus dem Verkehr verschwand, das überschätzte das alleinige Umlaufsmittel wurde. Das unterschätzte strömte wie alle Güter nach den Orten, in denen es höheren Tauschwert fand.

Wenn man nun das Wertverhältnis nicht festsetzte, erhoffte man, daß sich im freien Verkehr bald eine feste Relation herausbilden werde und beide Metalle nebeneinander klaglos als Geld funktionieren würden.

---

[1] Vgl. L. Mises, Theorie des Geldes und der Umlaufsmittel. 1912. S. 232ff.

[2] Vgl. K. Helfferich a. a. O. S. 211ff. und S. 472ff.

[3] Die ernsthafteste und gründlichste Verteidigung des Bimetallismus stammt von L. Walras. Vgl. L. Walras, Théorie de la monnaie. Neu ediert 1922 von Kerschagl & Raditz. Jena 1922.

Man fand aber empirisch und theoretisch bald heraus, wie geringfügig die Unterschiede zwischen Doppelwährung und Parallelwährung (Simultanwährung) im Grunde genommen sind.

„Währung ist der als Einheit aufgefaßte Inbegriff des Geldes eines bestimmten Staates oder einer bestimmten Staatengemeinschaft[1]."

Während nun bei der Doppelwährung das Geld bewußt als Einheit aufgefaßt ist, ist bei der Parallelwährung die Einheitlichkeit des gesamten Geldwesens bewußt und gewollt preisgegeben. Doch hat die Nichtfestsetzung des Wertverhältnisses mehr formelle als praktische Bedeutung, wie sich aus dem Sinn des Begriffes „Währung" ergibt.

Eine Währung entsteht, wenn irgendeine Stelle erklärt, den Währungsgegenstand, also z. B. das Gold, jederzeit gegen Entrichtung einer gewissen Gebühr zu einem bestimmten Preise anzukaufen resp. für das Gold, seinem Gewichte entsprechend, eine Münze mit bestimmter Prägung herzugeben, die als gesetzliches Zahlungsmittel anerkannt ist. Diese Münze als gesetzliches Zahlungsmittel hat die Eigenschaft, daß jede entstehende Schuld mit ihr getilgt werden kann, d. h. der Gläubiger muß sich durch nominelle Bezahlung in ihr befriedigt erklären. Wenn nun sowohl für Gold als auch für Silber ein bestimmter Preis, zu dem sie angekauft, also in Münze eingewechselt werden, besteht, so spricht man von Doppelwährung. Von Parallelwährung dann, wenn nur für eines der beiden Metalle ein fester Preis bezahlt wird, man sich jedoch dem anderen gegenüber nicht zur Zahlung eines bestimmten Preises verpflichtet. Dies ist der einzige Unterschied zwischen Doppel- und Parallelwährung; dagegen ist bei beiden Währungsarten die Fähigkeit der zwei Geldsorten, als Solutionsmittel zu dienen, beibehalten. (Wenn nur eine von beiden diese Fähigkeit erhält, so entsteht keine Parallelwährung; der bloße Umlauf von zwei Metallen, von denen das eine bloß in Form von Handelsmünze vorhanden ist — für welche ein jederzeit frei vereinbarter Preis bezahlt wird — läßt nämlich keine Parallelwährung entstehen.)

Aus der Tatsache, daß bei der Parallelwährung beide Geldsorten als Solutionsmittel fungieren, lassen sich alle Gesetze ableiten, denen diese Währungsart notwendigerweise untersteht.

Da die meisten Verteidiger der Doppelnote sich die Einführung der Goldnote derart dachten, daß durch sie eine Parallelwährung ent-

[1] Vgl. Helfferich a. a. O. S. 375.

stehe — indem sie die Möglichkeit der Verwertung als gesetzliches Zahlungsmittel sowohl für die alte Papierkrone als auch für die neue Goldkrone forderten —, so werden an dieser Stelle vor allem die Möglichkeiten, die in diesem Falle denkbar sind, dargestellt werden. Da aber auch eine Art Doppelnotensystem denkbar ist, bei dem die neue Goldkrone nicht Solutionskraft besitzt, sondern als bloße Handelsmünze oder Rechnungseinheit fungiert — in dieser Art dachte sich ja Vissering ihr Funktionieren —, so sollen auch die Folgen eines derartigen Prinzips dargetan werden.

III. Die Stellung des Papiergeldes im Zeitpunkte der Einführung der Goldnote.

Landesberger und Benedikt dachten sich den Vorgang der Entstehung eines neuen Geldes ungefähr folgendermaßen:

> Es wird eine Bank, der ein großer Metallschatz zur Verfügung steht, gegründet. Diese Bank gibt nun gegen gute Wechsel usw. ihre Noten aus; damit ist ein neues Geld entstanden, das, wenn das Vertrauen in die Geschäftsführung der Bank nicht erschüttert wird, ein tadelloses Geld für die Bedürfnisse des Verkehrs darstellt. Die Papierkrone aber soll weiter wie bisher im Umlauf bleiben und beide Geldsorten sollen gesetzliches Zahlungsmittel sein.

Was hat sich nun mit dem Entstehen der neuen Bank und mit der Ausgabe neuer Noten für die betreffende Volkswirtschaft geändert? Es ist ein neues Geld geschaffen worden; es wurde gleichsam eine reine, neue Seite begonnen in einem alten Heft, in dem sich niemand mehr recht auskannte. Nun soll ein neues Leben beginnen; alles soll sich an die neue Art der Rechnung gewöhnen. Wie sieht es aber in Wirklichkeit aus?

Bis zu diesem Tage war die Papierkrone Geld; und was das bedeutet, ergibt sich aus der bloßen Aufzählung der Funktionen des Geldes, wie sie ja fast jedem Laien bekannt sind und wie sie jedes volkswirtschaftliche Lehrbuch aufzählt: Die Papierkrone war allgemeines Tauschmittel, Preisindikator[1] und Wertträger, Rechnungseinheit und gesetzliches Zahlungsmittel. Den größten Teil dieser Funktionen hat sie sehr schlecht verrichtet; sie war eine unverläßliche Rechnungseinheit;

[1] Vgl. Mises a. a. O. S. 15ff., 30.

aber sie war doch allgemeines Tauschmittel, sie war sogar Wertträger durch Zeit und Raum[1] und war vor allem das gesetzliche Zahlungsmittel.

Die Volkswirtschaft überwindet die Anerkennung eines gesetzlich proklamierten Geldes nur sehr langsam. Wie ungeheuer lange es dauert, ehe das Mißtrauen in das gesetzlich anerkannte Geld ein allgemeines wird, das haben wir in den letzten Jahren allüberall beobachtet und beobachten es auch heute noch in vielen Staaten. Die Tendenzen zur Anerkennung eines neuen Wertträgers und Wertmaßstabes und die Tendenzen, die das alte, verschlechterte Geld in seiner Gültigkeit stützen, stehen fortwährend gegeneinander. Die Loslösung der Rechnungseinheit vom Wertträger ist nicht vollständig durchzuführen; in dem Augenblick, in dem sie sich restlos durchsetzen würde, müßte in Epochen sich rasch und ständig verschlechternden Geldwertes, wie wir sie ja in Österreich erlebten, wie sie in Rußland herrschten und wie sie schließlich auch in Deutschland anbrachen, der Wert des Geldes auf Null sinken, anders ausgedrückt: das Geld würde aufhören, als Tauschvermittler angenommen zu werden und die Geldverkehrswirtschaft müßte sich in diesem Augenblick in Naturaltauschwirtschaft verwandeln — da ja der Übergang zu einem neuen Währungssystem nicht mit einem Schlage vollziehbar ist —, in welchem Augenblick die Gefahr gewaltsamer Besitzergreifung der für das bisherige Geld nicht mehr erlangbaren Güter eine besonders große wird.

In den Zeiten, in denen die Doppelnote propagiert wurde, war von einer Gefahr, daß die Papierkrone plötzlich aufhören könnte, als Geld anerkannt zu werden, noch keine Rede. Vor allem in ihrer Funktion als gesetzliches Zahlungsmittel findet ja die Papierkrone stets eine Stütze ihres Wertes. Papierkronenbesitzer werden alle jene, deren Löhne in dieser Währung regelmäßig ausgezahlt werden; Papierkronenbesitzer werden alle Gläubiger, in Papier erhält der Staat seine Steuern, der Detaillist die Bezahlung seiner Waren. Kein Indexgesetz ändert die Tatsache, daß für den Beamten und Arbeiter das Entgelt seiner Arbeit ein Papierkronenbetrag ist und die Papierkrone in dem Zeitabschnitt von einem Lohntag zum nächsten für ihn Tauschmittel, Rechnungseinheit und vor allem Wertaufbewahrungsmittel (Wertträger) ist.

Nun soll plötzlich eine neue Währungseinheit geschaffen werden.

---

[1] Vgl. Helfferich a. a. O. S. 273 ff.

Welchen Einfluß muß das auf das Funktionieren der alten Krone haben, welche Rolle wird die neue Krone spielen?

Verschiedene Möglichkeiten sind denkbar. Allen gemeinsam ist die Tatsache, daß sich Folgen auf die Wirtschaftsverhältnisse des Staates mit Doppelwährung zeigen müßten, die von den Verteidigern der Doppelnote nicht oder nicht scharf genug bedacht wurden.

IV. Produktionsdefizit und Papiergeldinflation.

Durch die Gründung einer Bank und Ausgabe einer Note, die einen neuen Namen resp. einen neuen Aufdruck trägt, ist in den Verhältnissen der ganzen Volkswirtschaft keine grundlegende Veränderung geschaffen worden. Die neue Bank gibt eine neue Note aus; sie ändert aber damit an dem Schicksal des alten Papiergeldes, das von einem kranken Staate emittiert wird, noch gar nichts; sie stößt auf zwei Tatsachen, die die Chance ihrer Noten zweifelhaft erscheinen läßt:

1. auf die Tatsache, daß die Staaten, für die sie propagiert wurde, ein Produktionsdefizit aufweisen, und
2. auf den Umstand, daß dieses Produktionsdefizit zum größten Teil auf den Staat überwälzt wird, bei dem es sich in Form von Papiergeldemission, dieser besonderen Form des Schuldenmachens, auswirkt.

Die Kosten der Kriegführung und die Veränderung der wirtschaftlichen Konstellation im Krieg und in der Nachkriegszeit, die für viele Volkswirtschaften eine schwere Schädigung bedeuten, sind die Ursache, daß in fast allen am Krieg beteiligt gewesenen Staaten ein Produktionsdefizit, d. h. ein Überwiegen des Konsums über die Produktion, des Volksverbrauches über das Volkseinkommen desselben Zeitraumes entstand. Kriegskosten und andere Schwächungen des volkswirtschaftlichen Organismus sind natürlich von der Gesamtheit aller Wirtschaftenden der betroffenen Gebiete getragen worden; doch nur zum allergeringsten Teil wurden sie — was vor allem durch die später zu besprechende Papieremission veranlaßt ist — durch wirkliche Konsumeinschränkungen aufgebracht.

So kann es letzten Endes nur eine Quelle geben, aus der geschöpft wurde: aus dem Kapital. Das Kapital als Gesamtheit der erarbeiteten Produktionsmittel, in welcher Form sie sich auch befinden mögen und in welcher Art sie verteilt sein mögen, ist die Quelle, aus der, wenn eine Volkswirtschaft weniger produziert als konsumiert, der Überschuß der Konsumtion über die Produktion gespeist wird.

Beim kleinen Rentner zeigt sich diese Kapitalsaufzehrung in der durchsichtigsten Form; wenn sein Arbeitseinkommen zur Aufrechterhaltung des von ihm geforderten Lebensstandards nicht mehr ausreicht, wenn auch die Zinsen, die er für sein Kapital erhält, als Ergänzung seiner Unterhaltsmittel nicht mehr genügen, muß er sein Kapital selbst angreifen; dann greift er meist zunächst zum ersparten Geld, hierauf geht es eventuell an seine Möbel, Kleider und sonstigen Habseligkeiten.

Die Kapitalsaufzehrung des Industriellen und Kaufmanns ist nicht so leicht zu durchblicken; man erkannte sie erst allmählich, als man anfing, die scheinbar günstigen Bilanzen mit kritischem Auge zu betrachten, als der Kaufmann sein Warenlager sich fortwährend verkleinern sah, der Industrielle merkte, daß es ihm an den Mitteln zu Investititionen mangelte.

An all diesen Tatsachen, die doch das Wesen des volkswirtschaftlichen Lebens ausmachen, ändert sich natürlich mit der Schaffung eines neuen Geldes gar nichts. Vor allem ist ja für den Staat und dessen Defizit, das in der Art, wie sich seine Wirkung auf die Volkswirtschaft äußert, ein Defizit sui generis ist, durch die Begründung einer neuen Bank nichts geschehen.

Das Defizit des Staates unterscheidet sich vom Defizit aller anderen Wirtschaftenden in zweierlei Art:

1. Die Widerstände zu seiner Verringerung sind kleiner als beim kalkulierenden Privaten; die Besonderheit seiner Aufgaben bewirkt, daß er einen Punkt schwächsten Widerstandes gegen die Auswirkung der Passivität der Wirtschaft darstellt.

2. Sein Defizit wird anders gedeckt als beim Privaten.

Zu 1. Der Staat als einer der größten Unternehmer erhält alle seine Einnahmen nur in Papierkronen; die Widerstände, die jeder Erhöhung der Preise für seine Leistungen entgegengesetzt werden, sind besonders groß; dazu kommt, daß er ein notorisch unrentabel arbeitender Unternehmer ist: die Führung staatlicher Betriebe ist eine schwerfälligere als die privater Unternehmen. Es sind die Zahlungsperioden für die direkten Steuern besonders lange, die Staatsausgaben dagegen müssen kontinuierlich aufgebracht werden. Außerdem ist zu erwähnen, daß während der ersten Nachkriegszeit in den besiegten Staaten der

Fiskus aus politischen Gründen bewußt einen Zuschuß zur Versorgung der Staatsbürger mit den notwendigsten Lebensmitteln leistete.

All diese Umstände, die mit dieser kurzen Aufzählung nur angedeutet, nicht erschöpft sein sollen, bewirken, daß in der Wirtschaftsführung des Fiskus ein besonders großer Teil des allgemeinen Defizits sichtbar wird, wozu noch das zweite charakteristische Merkmal dieses Defizits, nämlich die Art seiner Bedeckung, beiträgt.

Zu 2. Der Rentner deckt sein Defizit, soweit er es nicht durch Konsumeinschränkungen überwinden kann, durch Veräußerung seines Besitzes. Beim privaten Unternehmer geht die Aufzehrung oft so langsam vor sich, daß sie kaum gefühlt wird, und wird auch in Zeiten der Konjunktur oft plötzlich unterbrochen; sie hat die Möglichkeit, bei richtiger Geschäftsführung und günstigen Konjunkturen jederzeit sogar wieder in wirkliche Kapitalsakkumulation umzuschlagen. Der Staat aber hat im Kriege eine Art von Bedeckung seines Defizits neu kennengelernt, die in Anwendung zu bringen stets eine ungeheure Verlockung besteht, die Ausgabe von Papiergeld.

Wenn nun eine neue Notenbank entsteht, die dem Staat keine Papierkronen mehr zur Verfügung stellt, der Staat aber zu dieser Zeit noch nicht saniert ist, d. h. zum Zwecke seiner Weiterexistenz noch fortwährend Schulden machen muß, so wird er sich eben neue Mittel suchen müssen.

Die neue Bank ist entstanden; der Staat aber, der Papiergeld braucht, läßt durch die alte Bank weiter Noten drucken; mit diesen zahlt er seine Beamten, seine Kriegsanleihen usw. Die Papierkrone funktioniert also weiter wie bisher. Neben ihr aber soll nach dem Plane der Verteidiger der Doppelnote auf dreifachem Wege neues Geld ausgegeben werden: 1. durch Goldeinlieferung, 2. durch Umwechslung alter Papierkronen und 3. durch Eskomptierung guter Wechsel, also durch Kreditgewährung.

Gegen erstere Art der Entstehung ist natürlich nichts zu sagen; um so problematischer sind die Folgen der anderen beiden Entstehungsarten. Vor allem die Möglichkeit, seine Papierkronen in Gold einzutauschen, die für jeden Papierkronenbesitzer mit der Entstehung der neuen Bank geschaffen wird, wurde von den Vorkämpfern der Doppelnote in ihren Konsequenzen viel zu wenig beachtet.

Zur Beurteilung der Folgen, die die Einführung der Doppelnote im Wirtschaftsleben gehabt hätte, muß man also mit der Tatsache rechnen, daß der Staat in dem Zeitpunkte, zu dem die Doppelnote propagiert wurde, gewöhnt war, zur Bezahlung seiner Beamten und zur Führung seiner Betriebe Schulden bei der Notenbank zu machen, also eine Inflation zu bewirken.

Es war der Allgemeinheit seit langem klar geworden, daß die Inflation es war, die das fortwährende Steigen der Preise, das Sinken des Kronenkurses im Auslande und viele anderen unwillkommenen Erscheinungen verursachte. Wenn man also diese Erscheinungen zu beseitigen wünschte, so mußte man die Inflation beseitigen.

Bedeutet aber die Schaffung einer neuen Goldnote das Ende der Inflation? — Keineswegs!

Und alle Wirkungen der Doppelnote, die im folgenden aufgezeigt werden, beweisen haarscharf, daß alle Währungsversuche, die der Inflation nicht radikal ein Ende bereiten, vergebliche und gefährliche Experimente darstellen.

V. Die Goldnote — eine Gefahr für das Papiergeld; Ausbreitung der Goldrechnung.

Wenn ein Teil der Gegner der Doppelnote mehr Gewicht auf die Befürchtung legt: durch Schaffung einer neuen Krone würde der alten Krone der Todesstoß versetzt werden, die anderen wieder hervorheben, die alte Note als das schlechte Geld müßte das bessere, die neue Note, verdrängen, und eine dritte Gruppe wieder hervorhebt, die neue Note werde nichts anderes sein als ein neuer Zettel und vereinige in sich alle Fehler des alten Papiergeldes, so haben alle drei Gruppen von Gegnern der Doppelnote recht; der ganze Unterschied besteht nur darin, daß den einen eine neue Note vor allem überflüssig, den anderen vor allem gefährlich erscheint. Dieser Unterschied der Auffassung ergibt sich aus der Größe des Vertrauens, das man in die neue Bank setzt.

Es ist denkbar, daß eine neue Notenbank, der ein großer Metallschatz zur Verfügung steht (dessen Bereitstellung ja nach der Absicht Benedikts und Landesbergers die Bedingung für die Erteilung des Notenprivilegs bilden sollte), als privates Unternehmen tadellos geführt wird. Ihr Metallschatz bedeutet für die Gesamtheit der Volkswirtschaft eine Form von Kapitalzufluß, der ja in einer verarmten Volkswirtschaft jedenfalls erwünscht ist.

Nun erwerben Kaufleute und andere Kapitalisten die Noten der neuen Bank. Als Bezahlung all ihrer Waren und Dienste erhalten sie aber nur Papierkronen, solange die Papierkrone als allgemeines Zahlungsmittel bestehen bleibt. Ihre Kredite bei der Bank müssen sie jedoch in Goldnoten zurückzahlen (worin eine Art Beschränkung der allgemeinen gesetzlichen Zahlungsfähigkeit der Papierkrone liegt).

Bei einer tadellos funktionierenden Bank sind diese Goldnoten als vollgültige Banknoten, d. h. als Goldversprechen der Bank, aufzufassen[1]. Obwohl Landesberger und Benedikt die „Barzahlung" der neuen Notenbank nicht von allem Anfang an für notwendig erachteten, so rechneten sie doch damit, daß die Banknote ihren Wert gegen Gold unbedingt aufrechterhalten würde; dies ist ja auch gewiß denkbar.

Es entsteht nun für die Kaufleute die Schwierigkeit, daß sie Kredite in einer Währung zurückzahlen müssen, die sie nicht einnehmen; das ist die gleiche Schwierigkeit, wie sie sich für jeden Industriellen und Unternehmer ergab, dem Valutakredite zur Verfügung standen. Er hat mit Kosten zu rechnen, die zum Teil aus Valutakronen, zum Teil aus Papierkronen bestehen. Die Preise für ihre Waren aber erhalten alle jene Kaufleute und Industriellen, die nicht vorwiegend das Exportgeschäft pflegen (und nur an diese, die doch nur einen kleinen Teil aller Produzenten und Händler bilden, dachte Benedikt, wenn er mit sicheren Erlösen in Goldkronen rechnete), in Papierkronen.

Hieraus ergeben sich all jene Probleme, die für das Schicksal der Goldkrone resp. der Papierkrone von Bedeutung sind. Für das Schicksal der Papierkrone wurde mit dem Entstehen einer neuen Bank, eines „inneren Zürich", nichts gewonnen. Der Staat muß seine Bahnen betreiben, seine Beamten bezahlen. Für innere Anleihen zur Deckung des Bedarfes wird in Zeiten, da im Innern des Landes ein wertstabiles Geld zirkuliert, da der Kredit des Staates infolge der Entwertung aller seiner Obligationen, wie Kriegsanleihen usw., ohnehin sehr gelitten hat, noch weniger Geneigtheit vorhanden sein als vorher. Der Staat muß also weiter Papierkronen drucken lassen, und der Wert dieses Geldsurrogates wird weiter sinken.

Es wird infolgedessen auch weiterhin klüger sein, Papierkronenschulden zu kontrahieren, als Kredite in Goldkronen aufzunehmen, die man aus Papierkronenerlösen zurückzahlen muß. Man wird vor allem versuchen, jeden Erlös, den man in Papierkronen erzielt, sofort in Gold-

[1] Vgl. Philippovich a. a. O. S. 266. Helfferich a. a. O. S. 226ff.

noten umzuwandeln, um vor weiterer Entwertung des Papiergeldes geschützt zu sein.

Man wird die Warenpreise so hoch stellen, daß man in ihnen einen Teil der inzwischen vor sich gehenden Entwertung der Papierkrone eskomptiert; als Bankier wird man den Zinsfuß für Papierkronen so hoch halten, daß man in ihm eine Entschädigung für die erwartete Entwertung der Papierkrone findet.

Die Goldkrone wird allgemeine Rechnungseinheit werden; der ganze Prozeß der panikartigen Abwendung von der Papierkrone, der sie zu völligem Zusammenbruch führen kann, wird als Ergebnis der Ausgabe neuer Goldnoten ungeheuer beschleunigt, wenn ein zirkulierendes, wertstabiles Geld die Anregung zur Goldrechnung erhöht. Der Vorteil, der die Goldrechnung auszeichnet, soll nicht verschwiegen werden: Goldrechnung ist die beste Methode, zum Bewußtsein der Kapitalsaufzehrung zu gelangen; darum ist ihre Propagierung als Mittel gegen Verschleuderung von Leistungen des Staates und der Privaten so wichtig. Aber ihre Verallgemeinerung führt letzten Endes zum Zusammenbruch der Papierwährung.

Dies eine Skizzierung der Folgen der Schaffung einer Goldnote, die von einer tadellos funktionierenden Bank ausgegeben wird.

An dieser Stelle ist es nicht ohne Interesse, das scheinbare Paradoxon zu erklären, das darin liegt, daß die Goldrechnung jedem Einzelnen in seinem eigenen Interesse empfohlen werden muß, daß aber vor ihrer offiziellen Propagierung im Interesse der kranken Volkswirtschaft gewarnt werden muß. Das Papiergeld ist nicht Geld, sondern Kredit[1]: Kredit, den der Staat von seinen Bürgern ohne deren Wissen aufnimmt; nur dadurch, daß der Einzelne dieses Papiergeld annimmt, ohne sich zu vergegenwärtigen, daß er damit eine wertveränderliche Anweisung erhält und nicht Bezahlung für seine Leistung oder Ware, dadurch, daß die stets neu entstehenden Zettel den Wert der vorhandenen ununterbrochen vermindern, so daß der Einzelne ohne sein Wissen am nächsten Morgen ärmer erwacht als er einschlief, wurde es dem Staat ermöglicht, im Krieg und nach dem Kriege seine Ausgaben zu bestreiten und seine Betriebe weiterzuführen, ohne daß er diese Kosten ihrer Größe entsprechend unmittelbar durch Steuern und Abgaben auf die

[1] Dies erkannte schon Adam Müller in seinem „Versuch einer neuen Theorie des Geldes". Leipzig und Altenburg 1816.

Bürger überwälzte. Das Papiergeld war eine mittelbare und versteckte Art der Besteuerung all jener, die Papiergeld empfingen.

Das Funktionieren des Staatspapiergeldes (ob dieses direkt vom Staate oder durch eine Bank ausgegeben wird, ist ja für seinen Charakter ganz gleichgültig) ist durch die Täuschung der Mehrzahl aller seiner Bürger über seinen Wert, durch den „Glauben" der Einzelnen ermöglicht worden. Goldrechnung nun ist die Abwendung von diesem Glauben, ist der Beginn der Prüfung aller wirtschaftlichen Unternehmungen auf ihre objektive Richtigkeit; die Goldrechnung enthüllt die Unwirtschaftlichkeit aller auf Papierkronen gestellten Kalkulationen, indem sie die Unverläßlichkeit dieser Rechnungseinheit des vermeintlichen Tauschvermittlers und Wertaufbewahrungsmittels dartut.

In dem Augenblick, in dem die Erkenntnis des trügerischen Charakters des Papiergeldes bis zur letzten Schicht von Papiergeldempfängern durchgedrungen ist, hat die Stunde des Papiergeldes geschlagen.

VI. Unterschiede zwischen dem bimetallistischen und dem Doppelnotensystem.

Wir haben das Schicksal, das sich für die beiden nebeneinander funktionierenden Währungen ergibt, bis zum Zusammenbruche des Papiergeldes verfolgt. Wir haben gesehen, daß dadurch, daß es sich in dem System, wie es die Vertreter der Doppelnote vorschlagen, nicht um das Nebeneinanderzirkulieren zweier Metalle, sondern um das Nebeneinanderzirkulieren von einer, wie wir annehmen, wertbeständigen und einer im Werte schwankenden, d. h. in kranken Staaten sich notwendigerweise verschlechternden Währung handelt, die Wirkungen auf die Volkswirtschaft unvergleichlich tiefergehende sind als die Wirkungen einer Parallelwährung, wie sie in Zeiten des Bimetallismus bestand.

Wertschwankungen im Verhältnis zweier Metalle zueinander sind häufig; sie bewirken, daß dann stets dasjenige von ihnen als Zahlungsmittel verwendet wird, das im Werte sank. Es muß aber betont werden, daß eine gewisse Tendenz zur Milderung der Wertschwankungen vorhanden ist[1].

Metalle sind ja nicht beliebig vermehrbare Güter. Wenn z. B. Silber durch Vermehrung seines Produktion im Wert sinkt, so wird es

[1] Auf diesen Gedankengang bauten die theoretisch gebildeten Vertreter des Bimetallismus ihr System auf; vgl. L. Walras, Theorie des Geldes, S. 80ff.

in den Staaten, in denen es gesetzliche Zahlkraft besitzt, als Zahlungsmittel begehrt werden, da man das Gold von dort weg an Orten höheren Wertes bringen wird. Durch die Nachfrage nach Silber wird also die Vermehrung in seiner Produktion, die seinen Wert herabminderte, teilweise kompensiert.

Auch das Papiergeld verdrängt als Zahlungsmittel das gute Geld, die Goldnote. Seine Vermehrungsmöglichkeit aber ist unbegrenzt. Und darum muß der Widerstand gegen seine Annahme fortgesetzt wachsen. Da die Menschen ja nicht als Untertanen eines Staates, dem Macht zur Forderung aller Leistungen zu einem bestimmten Preise gegeben ist, einander gegenüberstehen, sondern das Wirtschaftsleben aus Handlungen sozusagen freiwollender Menschen entsteht, von denen jeder für seine Ware und Leistung den höchsten erzielbaren Preis fordert, so wird er, wenn das Tempo der Geldverschlechterung einmal zu rasch geworden ist und die Möglichkeit sofortiger entsprechender Verwertung der Papierkrone nicht mehr besteht, die Annahme von Papierkronen überhaupt verweigern. Das Papiergeld, das versuchte, als schlechtes Geld das gute zu verdrängen, wird allmählich selbst verdrängt. Zuerst floß es nach den Orten des geringsten Widerstandes; wenn aber der Widerstand gegen seine Annahme ein allgemeiner wird, hat es ausgespielt.

Das Eintreten solcher Situationen ist nicht erklügelt und nicht erdichtet; wir haben sie alle erlebt; verschieden waren nur die Formen, in denen wir Ähnliches sahen; in Mitteleuropa kam es noch nicht bis zu den letzten Auswirkungen dieser Tendenzen; aber die wirtschaftlichen Ereignisse in Österreich im August 1922 und in Deutschland im Frühling und Sommer 1923 bewiesen die Möglichkeit eines fast vollständigen Zusammenbruches des Papiergeldes; welcher Zusammenbruch durch eine Doppelnote nicht nur nicht verhindert, sondern sogar beschleunigt worden wäre.

Hiermit haben wir das Schicksal des Geldes in Staaten, in denen zwei Währungen nebeneinander zirkulieren und als allgemeines Zahlungsmittel fungieren, für den Fall aufgezeigt, als die Goldnote wirklich ihren Wert beibehält.

Wir haben die Voraussetzung der Wertbeständigkeit der Goldnote machen müssen, um aufzeigen zu können, wie neben einem guten Gelde die Zukunft eines Papiergeldes beschaffen sein würde.

Es muß aber betont werden, daß die Wertbeständigkeit einer neuen Goldkrone nur unter Bewältigung der größten Schwierigkeiten ermöglicht werden könnte. Landesberger erkannte diese Schwierigkeiten wohl und darum sprach er auch von der Notwendigkeit eines Kartelles der Zentralnotenbanken, das allein imstande wäre, den Wert der Goldnote zu gewährleisten und das eine Bedingung für das klaglose Funktionieren eines Weltgeldes resp. eines europäischen oder eines mitteleuropäischen Geldes darstellt.

Die ganze Problematik eines solchen Kartells, die Probleme des Weltgeldes überhaupt, werden im Rahmen dieser Arbeit noch einmal zu besprechen sein, wenn die allgemeinen Prinzipien der Banknoten beleuchtet werden. Das Wesen des Doppelnotensystems ist ja mit der Aufzeigung der Gefahren, die jeder Parallelwährung anhaften und die bei der Parallelität von reiner Papierwährung und Goldnote von den Schwierigkeiten anderer Goldwährungen nur graduell verschieden sind, nicht völlig erkannt. Darum gehört zu einer Darlegung des Kerns des Doppelnotensystems auch die Erörterung der Gesetze, denen das Notensystem überhaupt untersteht und die für jede Verfassung des Geldwesens, das nach Grundsätzen der Banking-Theorie geführt wird, Geltung haben. Doppelnotensystem ist ja nicht bloß ein System der Doppelwährung, sondern es ist außerdem ein Notensystem in besonderer Form.

VII. Gefährdung der Goldnote durch das Papiergeld.

Als System der Doppelwährung resp. Parallelwährung bedarf das Doppelnotensystem von einer weiteren Seite der Beleuchtung, ehe auf seine Problematik als Notensystem im allgemeinen eingegangen werden kann.

Wir haben bisher nur die besonderen Wirkungen des Vorhandenseins einer stabilen Rechnungseinheit auf das Funktionieren des bisherigen Währungsgeldes aufgezeigt. Die besprochenen Wirkungen würden eintreten sowohl bei Ausgabe wirklicher Goldnoten, wenn deren Wert aufrechterhalten werden würde, als auch bei Verwirklichung des Vorschlages Visserings, die Noten gar nicht bar auszugeben, sondern nur ein Verrechnungssystem in Goldeinheiten bei den Notenbanken durchzuführen.

Dagegen würde eine zweite Art von Gefahren der Parallelwährung, die jetzt gezeigt werden sollen, bei Visserings System viel geringer sein als bei Durchführung der Vorschläge Benedikts und Landesbergers: die Gefahr nämlich, daß die neue Note nichts anderes als ein neuer

Zettel sei, daß sie zum Schaden all jener, die in sie Vertrauen setzen, geschaffen werden würde — diese Gefahr also, die besonders Schwarzwald erkannte und scharf betonte. Es muß schon an dieser Stelle hervorgehoben werden, daß die Wahrscheinlichkeit, daß der neuen Note diese Art von Schicksal bestimmt gewesen wäre, am allergrößten ist. So zwar, daß dieses Schicksal nicht das einzige Ergebnis des Einführens der Doppelnote wäre, daß sich vorher vieleicht jene Folgen gezeigt hätten, die oben skizziert wurden, daß aber schließlich ein Punkt einträte, in dem die Goldnote selbst mitgerissen würde in den Strudel der Geldpanik, zu der schließlich jede lang andauernde Defizitwirtschaft führen muß.

Historisch war es ja meist so, daß die neuen Zettel von allem Anfang an dem Schicksal ihrer Genossin oder Vorgängerin verfielen.

1. Beispiele aus der älteren Währungsgeschichte.

Der Gefahr, die für die Notenbank entsteht, wenn sie verpflichtet wird, die alten Noten zu einem bestimmten Preis umzutauschen, wollte man aus dem Wege gehen; man propagierte ja eine Parallelwährung und nicht eine Doppelwährung resp. ein gesetzliches Wertverhältnis zwischen alter und neuer Krone. Man hatte ja gerade in Wien gesehen, wie oft mehrere Währungen, von denen jede mit frischem Mut und Gold begonnen worden war, in rascher Folge zusammenbrachen. Die österreichische Währungsgeschichte von 1800 (in welchem Jahre den Zetteln der ehemaligen Stadt-, seit 1769 Staatsbank, Zwangskurs verliehen wurde) bis 1848 resp. bis 1860 ist ja nichts anderes als eine Geschichte vom Zusammenbrechen verschiedenster Währungen, die unter den verschiedensten Namen geschaffen wurden und von denen keine stark genug war, in krisenhaften Zeiten dem allgemeinen Sturm zu widerstehen, von denen keine längere Zeit hindurch intakt blieb.

Auch Amerika hat zu Ende des 18. und auch im 19. Jahrhundert ein sehr bewegtes Schicksal der Währungen einiger seiner Staaten erlebt. Es war in der Zeit der Kolonial- und Unabhängigkeitskriege, als Colonial Paper money[1], continental money und Greenbacks ein Disagio gegenüber Gold und Silber erlebten.

---

[1] Vgl. White, Money and banking, S. 120: „The first government paper money in this country was issued by the colony of Massachusett's in 1600 in order to pay soldiers who had returned without their expective booty from an expedition against Canada.“

Kriegs- und Revolutionszeiten stellen ja stets die schwierigste Probe der Währung dar; denn plötzlich eintretende Veränderungen in den wirtschaftlichen Verhältnissen, wie z. B. Zerreißung von Handelsbeziehungen, Ausfall menschlicher Arbeitskraft, Auftreten ganz neuer Bedürfnisse, auf die die Produktion noch nicht eingestellt ist, Entziehung von Produktionsmitteln usw. und besonders großer Geldbedarf des Staates, haben ja stets ruinöse Wirkung auf die Volkswirtschaft und ihre Währung ausgeübt — in den Worten der Organismustheorie ausgedrückt: Krankheiten des Organismus der Volkswirtschaft schwächten und infizierten schließlich das Blut der Volkswirtschaft, das Geld. Darum gelingt keine Sanierung des Geldes ohne parallellaufende Sanierungsmaßnahmen für die Volkswirtschaft. Darum verfielen die Greenbacks derselben Entwertung wie das Revolutionsgeld; darum erlebten die „Mandats", die der Konvent in Frankreich 1796 an Stelle der Assignaten emittieren ließ, das gleiche Schicksal wie diese; darum brach in Wien in der Zeit der Napoleonischen Kriege der Einlösungsschein ebenso zusammen wie der alte Bankozettel; darum wies sogar die englische Währung um dieselbe Zeit ein Disagio auf. Die Engländer haben aus der Erfahrung dieser Zeit für immer Nutzen gezogen. Die orthodoxe englische Geldtheorie, die 1816 von Ricardo am schärfsten formuliert wurde,[1] ist bis auf den heutigen Tag nicht widerlegt und man kann ohne Übertreibung sagen, daß die englische Verfassung des Geldwesens seit dieser Zeit eine musterhafte geblieben ist und sogar im Weltkrieg die Probe bestanden hat[2].

All diese Tatsachen waren den Verfechtern der Doppelnote bekannt; sie wußten um die Schwierigkeiten der Ablösung einer Währung durch eine neue. Sie wollten das neue Geld gleichsam freihalten von der Last, die es damit übernommen hätte, daß es von einem gewissen Tage an an die Stelle des alten getreten wäre. Dies ist ja einer der geistigen Gründe, von denen ausgehend man zum System der Doppelnote greifen wollte. Das neue Geld sollte gehegt werden, es sollte ein Symbol der Genesung darstellen. Es ist aber die Schaffung eines neuen Geldes — bildlich gesprochen — ja doch nur ein Verpflanzen

[1] Vgl. D. Ricardo, Proposals for an Economical and Secure Currency 1816.

[2] Gerade in den Tagen der Entstehung dieser Arbeit (Mitte Januar 1923) hat das Pfund, dessen Entwertung ja nie größer als zirka ein Viertel seines Metallwertes war, wieder volle Parität mit dem Golde erreicht; damit hat die glänzende, vorsichtige Bankpolitik der „Bank of England" ihre Krönung erfahren.

neuen Blutes in einen kranken Körper. Und die Erkenntnis, die sich aus dieser Tatsache mit Notwendigkeit ergibt, ist die: daß dadurch nicht nur die Beschleunigung des Papiergeldzusammenbruchs bewirkt wird, sondern daß im Verlaufe dieses Prozesses die Goldnote selbst von ihrem Piedestal fallen muß.

2. Thesaurierung der Goldnoten; Goldentziehung.

Es ist kein Zweifel, daß das Vorhandensein eines Goldgeldes die Goldkalkulation anregt. In dem Augenblick, da die Wirtschaftssubjekte in ihrem wirtschaftlichen Handeln wieder einem exakten Rechnungsprinzip folgen, werden sie wieder vollständig rational kalkulieren. Die Rechnung in dem unstabilen Papiergeld, das nie und nimmer eine exakte Kalkulationsbasis bieten konnte, hatte den wirtschaftlichen Blick getrübt. In dem Augenblick, als sie wieder eine verläßliche Rechnungseinheit gebrauchen, beginnen die Subjekte der Wirtschaft ihr stets vorhandenes Streben nach dem Nutzenmaximum resp. nach der Erzielung eines höchsten Ertrages ihrer Tätigkeit bewußter und schärfer zur Durchsetzung zu bringen [1].

Diese Tatsache bestimmt aber nicht nur das Schicksal der Papierkrone in dem vorhin aufgezeigten Sinne, sondern von ihr kann auch die Goldnote selbst nicht unberührt bleiben.

Nach den Plänen Landesbergers und Benedikts ist die Goldnote ein frei zirkulierendes Tauschmittel. Nun kann es niemand verwehrt sein, diese Tauschmittel zu erwerben; der Wirtschaftende, der jeden entbehrlichen Teil seines Einkommens sichern will resp. ihn für weitere Geschäftsführung erhalten will, wird möglichst viel Papierkronen in Goldnoten verwandeln. Ist nun die Bank eine bar zahlende, so kann der Wirtschaftende auch den nächsten Schritt tun: er kann die Umwechslung der erworbenen Banknote in Gold fordern. Dieses Gold ist Substanz, Wert an sich; selbst wenn er es zinslos liegen läßt, hat seine Erwerbung für ihn noch Vorteil, denn sie schützt ihn davor, daß sein Vermögen — wie es bei einem Papiergeldvermögen der Fall

[1] Daß die Goldrechnung sich auch ohne Schaffung einer Goldnote resp. einer offiziell geübten Goldrechnungsmethode allmählich von selbst durchsetzt, das haben wir in Österreich wohl erfahren; nur vollzieht sich diese Umstellung in der Rechnungsbasis wie jede Verallgemeinerung eines Erkenntnisprozesses sehr langsam und allmählich, wenn sie nicht durch ein Vorbild — wie sie die Rechnungsmethode der neuen Bank geboten hätte — verallgemeinert und beschleunigt wird.

wäre — an Wert verliert; die höchsten Zinsen für Papiergeld schützten in Zeiten der Defizitwirtschaft und der ständigen Verschlechterung des Geldes die Papiergeldgläubiger und Papiergeldbesitzer nicht vor Verlusten.

Vor allem aber ist Gold das Weltgeld; es kann überallhin strömen, die ganze Welt steht ihm offen; man wird es natürlich nicht in den Ländern anlegen, in denen man alle Zahlungen ebensogut in Papiergeld leisten kann, sondern in Ländern intakter Goldwährung, in denen für Gold jederzeit Zinsen bezahlt werden; sind diese im Verhältnis zu den Zinsen, die in Inflationsländern gezahlt werden, perzentuell auch unvergleichlich niedrig, es sind doch wirkliche Zinsen. Und wer Gold besitzt, wird immer irgendwo Zinsen dafür erhalten; denn die Wirtschaft ohne Zins liegt ebenso in der Unendlichkeit wie der Treffpunkt zweier paralleler Linien. (Die Abschaffung des Zinses in der sozialistischen Wirtschaft bedeutet ja nur eine Verschiebung im Subjekt der Zinsenempfänger; doch eine Erörterung all dieser Probleme würde hier zu weit führen; sie werden übrigens an einer anderen Stelle dieser Arbeit noch gestreift werden).

Die Folgen der Goldentziehung für die Bank lassen sich leicht erkennen. Die Bank würde eine Mittlerstelle für die Wirtschaftenden bilden, die eine Vermögensverwertung erstreben. Ihr Goldschatz würde ihr rasch entzogen werden. Gegen diese Möglichkeit gibt es eine Menge Kautelen. Sie alle aber ändern an der Tatsache nichts, daß die Bank als Zentrum des wirtschaftlichen Lebens über kurz oder lang in die Schicksale der ganzen Volkswirtschaft selbst verflochten wird.

3. Kreditmangel, Passivum der Handelsbilanz — Goldabfluß und Disagio der Goldnoten.

Die Notenbank ist ein Kreditinstitut besonderer Art. Über die segensreichen Wirkungen des Kredites sind zahlreiche dicke Bücher geschrieben worden. Volkswirtschaftlich betrachtet ist Kredit nichts anderes als Tausch von Gegenwartsgütern gegen Zukunftsgüter. Dem Wirtschaftenden, sei es dem Kaufmann, dem Bauern oder dem Staate, werden Güter zur Verfügung gestellt, die er in der Zukunft zurückzahlen muß. Der Kreditempfänger hofft, die Kredite aus dem künftigen Ertrage seiner Wirtschaft zurückzuzahlen. Güter, die ihm krediتiert d. h. für die Gegenwart zur Verfügung gestellt werden, setzen ihn instand, seine Arbeit in vollem Umfang aufzunehmen resp. weiterzuführen, seine Produktionsbasis eventuell zu erweitern. Die Notenbank als Kreditgeberin für Handel und Industrie ist einem verarmten Staat gewiß ein Segen; es fragt sich nur, wieweit sie imstande ist, die zur Aufnahme der vollen Produktion erforderlichen Gegenwartsgüter beizustellen.

Wir sahen schon, daß Krieg und Kriegsfolgen den Wirtschaftskörper ungeheuer schwächten; der Nahrungsspielraum weiter Gebiete wurde verringert; die Anpassung der Bedürfnisse an die herabgesetzten Lebensmöglichkeiten vollzieht sich nur sehr langsam; die Ergiebigkeit der Einkommensquellen ist vermindert; die durch die Inflation fortgesetzt bewirkten Verschiebungen in der Einkommensverteilung und die Kalkulation in Papierkronen erschweren die Rationalität in der Wirtschaftsführung.

Papiergeldinflation und Passivum der Handels- und Zahlungsbilanz sind beide Symptome für die Schwächung des wirtschaftlichen Organismus. Haben wir Ursachen und Folgen der Papiergeldinflation oben aufgezeigt, so erübrigt jetzt noch die Aufzeigung der Folgen des Passivums der Handels- und Zahlungsbilanz auf die Notenbank.

Wenn die Notenbank ein Vermögen besitzt, das groß genug ist, um die für Erweiterung der Produktionsbasis erforderlichen Gegenwartsgüter zu kreditieren, wenn sie ferner die Macht besäße, das Defizit im Staatshaushalt zu beseitigen, d. h. einerseits auf dessen Verringerung durch Aufwandseinschränkungen hinzuwirken, andererseits das verbleibende Defizit auf die Bürger in dem Sinne zur Verteilung zu bringen, daß es die Tendenz zu allgemeiner Konsumeinschränkung verstärkt — wenn die Notenbank all diese Bedingungen erfüllt, dann kann sie ein wirksamer Faktor der Gesundung werden. Dazu aber bedarf es nicht der Schaffung eines neuen Geldes: dann ist die sog. Goldnote *überflüssig*.

Solange die Wirtschaft aber ein Produktionsdefizit aufweist — und dieses kann auch ein Kredit nicht aus der Welt schaffen, sondern nur allmählich zu beseitigen beitragen —, solange besteht für die Bank die Gefahr, an diesem Defizit selbst leidend zu werden. Die oben skizzierten Folgen der Goldentziehung infolge des Thesaurierungsbedürfnisses der Volkswirtschaft sind nur *eine* Seite der Gefahren, denen sie ausgesetzt ist.

Selbst wenn von keiner Seite Goldnoten zu reinem Thesaurierungszwecke erworben werden, wenn nur produzierende Individuen zum Zwecke der Geschäftsführung diese Noten erwerben, ist die Bank vor einer Entwertung ihrer Noten nicht geschützt. Auch wenn sie nicht direkt

Gold ausgibt, ist ihr Goldschatz in jeder Wirtschaft im allgemeinen und in einer passiven Wirtschaft im besonderen fortwährend bedroht. Denn die Goldnoten sollen ja, wie projektiert, im Ausland gehandelt werden. Die Volkswirtschaft nun, die ein Produktionsdefizit aufweist, wird stets einen größeren Bedarf an Zahlungsmitteln für das Ausland haben, als Zahlungsmittel aus dem Ausland hereinströmen. Solange neben den Goldnoten Papiernoten gedruckt werden, werden vor allem diese gegen die Goldnoten der Bank im Ausland und Inland Sturm laufen.

Papiernotendruck ermöglicht ein ewiges Fortsetzen des Wettlaufes um die Güter; die Papiergeldeinnahmen verführen jeden Einzelnen immer wieder dazu, mehr auszugeben, als er einnahm.

Die Volkswirtschaft führt also mehr ein, als sie an Gütern und Leistungen auszuführen imstande ist: die Goldnoten, die die Bank den Kaufleuten zur Verfügung stellte, werden von den ausländischen Gläubigern der Bank präsentiert; sie hat nun die Wahl, sie entweder in Gold einzulösen — und kann so allmählich ihren ganzen Goldschatz einbüßen —, oder sie löst sie nicht ein, riskiert dann aber, daß ihre Gläubiger sie in intakte Währungen umwandeln, sie also in großer Menge an den neutralen Plätzen ausbieten, so daß die Goldnote schließlich ebenso ein Spielball der Züricher Börse wird wie die Papierkrone — was ja gerade vermieden werden sollte.

Dies alles sind Gefahren, denen das Doppelnotensystem ausgesetzt ist.

Wir haben gesehen, daß die Probleme des Doppelnotensystems noch ungleich schwierigere sind als die Probleme der metallischen Doppelwährung; denn die Gefahren, die dem geordneten Funktionieren von zwei Metallwährungen drohen, entstehen durch Verschiebungen im Wertverhältnis der beiden Metalle, und solche Verschiebungen können schließlich nur innerhalb eines gewissen Spielraums vor sich gehen: die beiden Währungsmetalle können sich in ihrem Wertverhältnis voneinander ein Stück entfernen; es kann sich ihre Relation aber nie soweit verschieben, daß sie nicht mehr als endliche Größe aufzufassen wäre. Anders, wenn eine der beiden Währungen eine reine Papierwährung ist. Hier geht der Kampf von Anfang an um Sein oder Nichtsein einer der beiden resp. beider Währungen. Die Tatsache des Vorhandenseins einer Papierwährung bedeutet eine stete Gefahr für die Behauptung einer Goldwährung, und die Papierwährung wieder wird durch die Ausbreitung der Goldwährung und der Goldrechnung, die in deren Gefolge auftritt, in ihrer Existenz soweit gefährdet, daß es nur noch eine Frage der Zeit ist, wielange sie überhaupt weiter bestehen kann.

All diese Wirkungen treten ein sowohl, wenn es sich um eine direkte Doppelwährung, als auch, wenn es sich um eine Parallelwährung, als schließlich auch, wenn die neugeschaffene Währung reine Handelsmünzen oder Handelsrechnungseinheiten darstellen, die keine gesetzliche Zahlungskraft besitzen.

Sie treten in diesen drei Fällen nur in verschiedener Intensität und nicht mit der gleichen Schnelligkeit ein: das Doppelnotensystem als echte Doppelwährung (bei Fixierung des Wertverhältnisses zwischen beiden Geldsorten) würde das Vertrauen in die Goldnote von Anfang an nicht aufkommen lassen und würde so das Parallellaufen beider Währungsarten von vornherein vereiteln. Denn wenn die Papierkronenbesitzer sicher wären, einen bestimmten Betrag an Goldnoten jederzeit zu erhalten, so würde bei weiterer Verschlechterung des Papiergeldes die Flucht zur Goldnote eine allgemeine werden und binnen kurzem wäre die neue Notenbank bankrott. An eine Doppelwährung in diesem Sinne wurde deshalb auch am wenigsten gedacht. Die Fixierung eines Wertverhältnisses hat ja auch, wie wir schon oben zeigten, nur dann eine Bedeutung, wenn an eine Ablösung einer Währung durch eine neue gedacht ist — welches Experiment ja wohl niemandem als ein ernstlich zu erwägendes Sanierungsmittel erschien.

Bei Schaffung einer Parallelwährung — Vorschlag Landesbergers und Benedikts — bei einer nicht bar zahlenden Bank sind die Gefahren etwas verhüllter, am meisten verhüllt, wenn die neue Bank überhaupt keine realen Noten ausgibt — also nur Goldverrechnung führt — womit aber überhaupt kein Doppelnotensystem im ursprünglichen Sinn entstanden ist, sondern nur — so schlägt es ja Vissering vor — das Bestehen einer kaufmännische Goldrechnung propagierenden Bank empfohlen wurde.

VIII. Wirkungen eines Kartells der Zentralnotenbanken; die Notenbank als Kreditvermittlerin.

Sowohl bei Entstehung einer Parallelwährung als auch bei Entstehen einer Goldrechnung im Abrechnungsverkehr mit der Zentralnotenbank wird die Chance der neuen Rechnungswährung ungeheuer gehoben, wenn die Bank nicht für sich allein arbeitet, sondern — wie Landesberger und Vissering es propagierten — in enger Beziehung zu den Notenbanken anderer Staaten steht.

Die Krise des Papiergeldes, zu deren Beschleunigung und Verschärfung jede Art von Goldrechnung natürlich beiträgt, wird dadurch zwar nicht verhindert; sie bricht, wenn das Papiergeld nicht von innen heraus — durch Schaffung gründlichen Wandels in der Struktur der Volkswirtschaft, in der es zirkuliert — in seiner Natur verändert wird, über kurz oder lang über alle Papiergeldwirtschaften herein. Dagegen kann die Notenbank indirekt — und dies vor allem, wenn sie durch Verbindung mit dem Ausland imstande ist, ihr eigenes Defizit zum Teil auf das Ausland abzuwälzen (was durch ein Kartell besonders ermöglicht ist) — dazu beitragen, daß die Volkswirtschaft, der sie dienen soll, reichlichere Kreditzuflüsse erhält und so eine innere Regenerierung begründet wird.

Die Mission, Treuhänder direkter und indirekter, durch die ausländischen Notenbanken gewährter Kredite zu sein, ist gewiß eine sehr ehrenvolle; sie kann aber ohne Zweifel mit eben derselben Verläßlichkeit durch alte, längst bestehende Institute, natürlich auch durch Privatinstitute und jedenfalls ohne Schaffung eines neuen Geldes erfüllt werden.

Jedes Geld kann einen neuen Lebensatem erhalten; noch im Augenblicke, da es schon vollkommen zusammenzubrechen scheint, kann es durch eine Hoffnung auf gründliche Wandlung der Gebarung und des Schicksals des Staates, in dem es zirkuliert, neu erweckt werden. Auch das haben wir ja sehr deutlich in Österreich im August 1922 erlebt. Darum ist es ebenso gefährlich wie überflüssig, durch plötzliche Ausrufung eines neuen Geldes, durch Propagierung einer Doppelnote, das wirtschaftliche Schicksal eines Staates bestimmen zu wollen.

Die Ausgabe eines Weltgeldes, wie es 1920 vorgeschlagen wurde — welches Weltgeld ein ganz anderes gewesen wäre, als Knies es vorschlug[1] — kann nur unter einer Voraussetzung gerechtfertigt erscheinen: wenn es bewußt als eine feine, etwas versteckte Form der Kreditgewährung reicher Staaten an die verarmten eingeführt wird.

Unter diesem Gesichtspunkt stellt es eine besonders verhüllte Art der Erfüllung wirtschaftlicher Notwendigkeiten dar. Wer aber glaubt, durch Einführung einer neuen Note, und sei es auch einer Welt-

---

[1] Vgl. Knies, „Weltgeld und Weltmünzen“ 1874, in welchem Buche das ungemünzte Gold als Weltgeld empfohlen wird und der Autor für die Beibehaltung der alten Landeswährungen mit ihren verschiedenen Münzen als Zirkulationsmittel innerhalb der einzelnen Staaten eintritt.

Goldnote, mehr getan zu haben, als Kredit gewährt zu haben — wobei die Höhe dieses Kredits das einzig Wichtige ist —, wer glaubt, dadurch das Geld in der Welt, von dem ja anerkanntermaßen die Krankheiten zwar nicht ihren Ausgang nahmen, durch dessen Infizierung sie aber gleichsam kompliziert, verbreitet und in ihrer Heilung verzögert wurden, zu heilen und damit die Krankheit im ganzen volkswirtschaftlichen Organismus kuriert zu haben, der wird dieselben Enttäuschungen erleben wie seinerzeit diejenigen, die glaubten, durch Einführung des Papiergeldes einen neuen Weg zu Reichtum und Macht entdeckt zu haben.

IX. Geschichte eines praktischen Versuches der Einführung einer Doppelnote.

An dieser Stelle ist es nicht ohne Interesse, den einzigen praktischen Versuch, der in den letzten Jahren mit der Doppelnote gemacht wurde, kurz darzustellen.

Dieser Versuch fällt in das Jahr 1918; über ihn berichtete M. G. Young zur Zeit, als er britischer Finanzkontrollor in Wien war, in der „Neuen Freien Presse“[1]:

Zur Zeit, als die Alliierten gegen die Bolschewiken kämpften, wurde in Nordrußland versucht, eine neue Währung einzuführen. Es kursierten damals in Nordrußland die verschiedensten Münzen und Noten. Am meisten Vertrauen genossen die alten Zarenrubel, die unvermehrbar waren und die als das letzte Geld, das sich einmal bewährt hatte, die für den typischen Bauernkonservatismus charakteristische Wertschätzung genossen. Unter der Ägide von Young, der zu dieser Zeit als britischer finanzieller Ratgeber in diesem Gebiete Einfluß hatte, wurden nun neue sogenannte „Nordrussische Noten“ ausgegeben. Ihr Kurs wurde im Verhältnis von 40:1 gegenüber dem Pfund Sterling festgesetzt (der alte Rubel stand damals gegenüber dem Pfund Sterling ca. 50:1).

Die Bank von England stellte einen speziellen Fond zur Deckung dieser Rubel zur Verfügung; 2½ Millionen Pfund wurden diesem Zwecke gewidmet, so daß also 100 Millionen Rubel bei der „Caisse d'Emission“ voll gedeckt waren. Diese Deckung hätte — so könnte man glauben — der neuen Note ein gewisses Vertrauen verschaffen müssen. Doch wurde der Kredit der Note durch folgende Umstände geschädigt

[1] Vgl. „Neue Freie Presse“ vom 16. April 1922.

1. durch — mit Absicht — gepredigtes Mißtrauen gegen sie,
2. durch die ungünstigen Exportverhältnisse Nordrußlands.

Zu 1. Das Mißtrauen gegen neues Geld im allgemeinen ist ein häufig auftretendes Symptom, das der Währungspolitiker stets beachten muß. Soweit dieses Mißtrauen nicht ohnehin bereits vorhanden ist, wird es von gewissenlosen Elementen sehr oft in eigennütziger Absicht geschürt.

Young erzählt uns, daß Geschäftsleute in Rußland sogar die Kanzel zum Kampf gegen das neue Geld gewannen, um hierauf diese goldgedeckten Noten von den verängstigten Bauern zu Spottpreisen aufzukaufen und im Ausland vorteilhaft zu verwerten.

Zu 2. Die Exportverhältnisse waren damals deshalb so besonders ungünstig, weil die Waldungen, der größte Reichtum Rußlands, zum überwiegenden Teile in Händen der Bolschewiken waren; das von den Alliierten besetzte Gebiet kam für den Holzexport weniger in Betracht, als man gehofft hatte.

Gemäß den Bestimmungen der Caisse d'Emission durften ungedeckte Rubel in der Höhe von einem Drittel der gedeckten Rubel als Darlehen an die russische Regierung gegen deren Bonds in Umlauf gesetzt werden. Da gegen solche Bonds ca. 29 Millionen Rubel ausgegeben wurden, so dürfte man nicht fehlgehen, wenn man den Umlauf der voll gedeckten Rubel auf das Dreifache dieser Summe, nämlich auf 87 Millionen, schätzt, also auf weniger als durch den ursprünglichen Fond der Bank voll gedeckt war.

Es tauchte nun die Frage auf, welche Maßnahmen man ergreifen müßte, um das Vertrauen in diese neuen Noten im Inlande zu heben. Young schlug vor, gewisse Importartikel, vor allem Alkohol und Tabak, nur gegen diese Noten zu verkaufen. Damit war aber die dortige gegenrevolutionäre Regierung nicht einverstanden, die aus Prestigegründen ihre alten Rubel vor Entwertung schützen wollte.

Schließlich war das britische Schatzamt der an dem ganzen Unternehmen leidtragende Kontrahent. Denn als die gegenrevolutionäre Regierung fliehen mußte, präsentierten alle Besitzer der neuen Noten — und zu diesen gehörte der aufgeklärtere Teil der Bevölkerung: diejenigen nämlich, die eingesehen hatten, daß der Besitz von durch die Bank von England garantierten Noten sicherer sei als der Besitz von Zaren-Rubeln, um deren Einlösung sich kein Mensch mehr kümmerte —

diese bei der Caisse d'Emission und erhielten dafür Anweisungen an das britische Schatzamt, die auch tatsächlich eingelöst wurden.

Die Schlüsse, die Young aus diesen Erfahrungen zieht, sind die folgenden:

1. Eine Doppelnote kann sich nur bei einem günstigen Stand der Handelsbilanz bewähren.
2. Es muß eine Nachfrage nach diesen neuen Noten vorhanden sein, resp. diese Nachfrage muß künstlich geschaffen werden (sein Vorschlag, gewisse Waren nur gegen diese Währung zu verkaufen, bedeutet die Aufhebung der gesetzlichen Zahlkraft des alten Geldes gewissen Waren gegenüber).
3. Es muß verhütet werden, daß diese neuen Noten nur Vermögensübertragungen ins Ausland erleichtern, also einigen wenigen auf Kosten der Allgemeinheit resp. der Kreditgeber zum Vorteil gereichen.

Durch die Verfolgung dieser praktischen Erfahrungen haben wir eine Art Bestätigung der schon aus der Kenntnis der nationalökonomischen Grundsätze geschlossenen Möglichkeiten der Doppelnote erhalten. Ja es zeigt sich, daß außer den rein wirtschaftlichen Tendenzen, die die Wertbehauptung der Goldnote in Frage stellen, auch noch psychologische Momente vorhanden sein können, die ihrer Verbreitung von Anfang an entgegenarbeiten.

X. Die Goldnote nach Stabilisierung des Wertes des Papiergeldes — überflüssig.

Mit diesen Erkenntnissen wären die Vorteile des Doppelnotenprinzips allein schon gründlich in Frage gestellt und die Ansichten ihrer Verteidiger widerlegt.

Es gibt aber noch eine Möglichkeit, dieses Prinzip zu halten, und darum soll auch diese Möglichkeit geprüft werden.

Die Annahme, daß der Wert der Goldnote sich aufrechterhalten ließe, haben wir schon in einer der Variationen unserer vorigen Untersuchung gemacht. Dagegen haben wir in keiner der Variationen angenommen, daß es möglich wäre, auch das Papiergeld zu stabilisieren. Wir hatten nämlich erkannt, daß ja mit Schaffung der Goldnote keine der Ursachen der fortwährenden Verschlechterungen des Papiergeldes — als welche Ursachen wir sowohl die Tatsache, daß in den Volkswirtschaften, für die die Doppelnote besonders propagiert wurde, ein schleichendes Produktionsdefizit besteht, als noch die besondere Methode der schlecht wirtschaftenden Staaten, ihr Defizit zu decken, erkannten — beseitigt werde.

Wir müssen nun, um das Bild vom Wirken der Doppelnote zu vervollständigen, auch einmal die Annahme machen, daß es doch gelänge, zwei möglichst stabile Währungen zu schaffen. Diese Annahme liegt nicht im Bereich des Unmöglichen, ja sie entspricht sogar annähernd dem Zustand, den die neue „Österreichische Nationalbank" bei ihrer schließlichen Konstituierung im Dezember 1922 vorfand. Damals wurde nicht mehr von einer Notwendigkeit für die neue Bank, ein neues Geld auszugeben, das neben dem alten Papiergeld zirkulieren solle, gesprochen. Aber es wäre ja denkbar, daß in diesem Zeitpunkt ein fanatischer Freund der Doppelnote dafür eingetreten wäre, daß die neue Bank Noten ausgeben müsse, die von dem alten Papiergeld in jeder Beziehung ganz losgelöst seien. Da nun in derselben Zeit das Papiergeld durch eine Reihe von Maßnahmen und durch Aussicht auf weitere Maßnahmen gerade nahezu stabilisiert schien, wären all jene Folgen, die wir oben für die Doppelnotenwährung zeigten, einige Zeit hindurch nicht in dieser Art eingetroffen.

Dies ist der typische Fall der Überflüssigkeit der Doppelnote. Wenn für die Volkswirtschaft und für die Papierkrone alles geschehen ist, um sie auf die Beine zu bringen, dann ist es ganz gleichgültig, in welcher Form das neue Papiergeld ausgegeben wird, und es hat gar keinen Sinn, es vom alten Papiergeld formell zu unterscheiden.

Wenn das Vertrauen in die Volkswirtschaft, um die es sich handelt, belebt wird, wenn die Maßnahmen zu einer wirtschaftlichen Gesundung vorbereitet werden, dann kommt es nicht darauf an, unter welchem Namen die Währung dieser Wirtschaft umläuft. Das haben wir seinerzeit am Beispiel der Tschecho-Slowakei gesehen, das beobachteten wir im Herbst 1922 auch in Österreich. Dann ist auch weder ein Steigen der Währung anzustreben, noch sind deflationistische Maßnahmen zu treffen, um das Geld und die Volkswirtschaft zu stärken, sondern das Hauptaugenmerk ist auf den Genesungsprozeß der Volkswirtschaft zu wenden, auf die schmerzloseste und gründlichste Beseitigung des Produktionsdefizits.

In einem solchen Falle ist also die Schaffung einer Parallelwährung überflüssig. Die Einführung einer Goldnote überhaupt ist schon deshalb nicht empfehlenswert, weil ja jedes Notensystem typische Gefahren in sich birgt — deren Bestehen von der Geldtheorie heutzutage jedoch nicht allgemein zugegeben wird. Darum sollen auch sie hier noch skizziert werden, weil sich die Verteidiger des Doppelnotensystems ihrer nicht deutlich genug bewußt waren.

Die Notenbank wird nur dann vor großen Fehlern bewahrt bleiben, wenn ihre Geldpolitik nicht die von der Banking-Theorie propagierte ist, sondern ihre Prinzipien den orthodoxen Gesichtspunkten einer Geldtheorie entsprechen, wie sie sich aus der Erfassung der wichtigsten Gesetze, denen alles wirtschaftliche Handeln unterliegt, ergeben.

Gerade zur Erkenntnis der Fehler der Banking-Theorie kann die Durchdenkung der Schwächen des Doppelnotensystems viel beitragen. Denn wer die Gefahren, denen die Goldnote, die doch nach Lehren der Banking-Theorie ausgegeben werden soll und deren stetiges Rückströmen von dieser Theorie angenommen wird, erfaßt hat, wer die Problematik der Wirksamkeit eines Kartells der Zentralnotenbanken einsieht, der wird den Glauben an die Unfehlbarkeit freier Geldschöpfung[1] endgültig verlieren und die Tendenz zur Schaffung „organischer Zusammenhänge der Geldschöpfungspolitik" verurteilen müssen.

Darum sei in dieser Arbeit noch auf jene Schwierigkeiten der Emission von Goldnoten, die sich daraus ergeben, daß sie eben als Note und nicht als Gold selbst in den Verkehr kommt, daß sie nicht nur auf dem Wege des unmittelbaren Tausches von Gut gegen Gut, sondern auf dem Kreditwege entstehen soll, hingewiesen.

XI. Die Probleme „freier Geldschöpfung".

Die Theorie der „klassischen Geldschöpfung", wie sie Bendixen vertrat und wie sie sich in ihren Grundzügen und Folgerungen, wenn auch nicht in allen Voraussetzungen, mit der englischen Banking-Theorie deckt, stellt die Behauptung auf: Durch Ausgabe von Noten gegen gute Wechsel — welche Noten unbedingt zu bestimmten Terminen entsprechend den indes erzeugten Gütern, für deren Herstellung sie als Anweisung auf Produktionsgüter erforderlich waren, zurückströmen — würde ein von den Schwankungen in den Produktionsverhältnissen der edlen Metalle unabhängiges, ganz wertkonstantes Geld entstehen.

[1] Hierüber vgl. Bendixen, Geld und Kapital, und Kerschagl, Vorwort zu Walras' Theorie des Geldes. Jena 1922.

Nach Ansicht der Vertreter der Doppelnotenidee sollte die neue Goldnote, die neben dem alten Papiergeld in Umlauf gesetzt werden sollte, ganz ebenso wie Bendixen es für sein klassisches Geld gefordert hatte, ausgegeben werden. Sie hätte also unter allen Umständen den Forderungen, die an ein klassisches Geld gestellt werden, nach Ansicht der Banking-Theoretiker entsprechen müssen.

Wenn wir nun von allen Gefahren abstrahieren, die dem Funktionieren dieser Note durch die Besonderheit des Falles, in dem es sich um das Nebeneinanderbestehen zweier wesensverschiedener Währungen handelt — wesensverschieden nämlich dadurch, daß die eine mit dem Schicksal eines passiven Staates unmittelbar verflochten, die andere von diesen Übeln unabhängig gedacht wurde — drohen, so können wir uns gewiß vorstellen, daß die Bank, die diese Noten emittiert, ebenso aktiv arbeitet wie irgendein anderes, gut geführtes Unternehmen im Staate, von dessen Schicksal sie sich bei Beobachtung aller Vorsichtsmaßregeln in gewissem Ausmaße[1] emanzipieren kann.

Nun taucht aber die Frage auf, welcher Art die von ihr in Anwendung zu bringenden Vorsichtsmaßregeln sein müßten, um ihre Geschäftsführung wirklich erfolgreich zu gestalten.

Nach Ansicht Bendixens und der Banking-Theorie genügt es, daß sich die Bank von jeder Art Kreditgewährung an den Staat fernhält und nur gute Wechsel akzeptiert, um ihren Noten ihren Wert zu erhalten.

Nehmen wir nun an, sie akzeptierte z. B. Wechsel mit einem Eskomptesatz von 4%; viele Kaufleute präsentieren ihr nun ihre Wechsel; durch ihren billigen Satz regt sie die Produktion an; vielleicht wenden sich sogar ausländische Kreditsucher an sie, die durch die Niedrigkeit ihres Eskomptesatzes angezogen werden.

Ergebnis: die Preise aller Produktionsmittel ziehen infolge der starken Anregung, die der Produktion durch einen niedrigen Eskomptesatz gegeben wird, an; Kaufleute können ihre Produktion nicht fortführen, da ihre Kalkulation durch die inzwischen eingetretene Verteuerung von Arbeit und Rohstoffen nicht mehr stimmt; sie können daher bei der Bank auch nicht ihre Schulden zurückzahlen . . .

Die Bank muß ihren Zinsfuß verändern und verändert dadurch allein schon den Wert des von ihr ausgegebenen Geldes, auf den sie indirekt ja schon dadurch einwirkte, daß sie infolge ihres billigen Eskompte-

[1] Vgl. S. 125 dieser Arbeit.

satzes mehr Anweisungen auf die nicht im gleichen Maß gewachsene Gütermenge des Landes emittierte[1].

Die Notwendigkeit einer Eskomptepolitik, die auf das Tempo der wirtschaftlichen Entwicklung in allen Staaten, mit denen wirtschaftliche Beziehungen entstehen, Rücksicht nimmt, ist hiermit erwiesen. Daß die Eskomptepolitik aber nur dann mit Sicherheit funktioniert, wenn freier Goldzufluß und Goldabfluß das wirtschaftliche Leben der Staaten miteinander verbindet, wird schon aus dieser kurzen Skizzierung klar. Denn, wenn die Bank eine bar zahlende ist, dann wird sie sofort, wenn sie den Zinsfuß etwas niedriger stellt, als den wirtschaftlichen Verhältnissen, die in der eigenen Volkswirtschaft und zur selben Zeit in den umgebenden Staaten herrschen, entspricht, merken, daß ihr mehr Gold entzogen wird, als zurückströmt, und wahrscheinlich den Diskontsatz erhöhen, ehe direkte Krisensymptome sie dazu zwingen.

Nun wurde als Ersatz für freie Welt-Goldwährung die Bildung eines Kartells der Zentralnotenbanken vorgeschlagen, das eine Sicherheit in der Ansetzung des Eskomptesatzes ermöglichen und die Goldnote in ihrem Funktionieren schützen soll.

Durch ein solches Kartell würde aber die Gefahrenzone freier Eskomptefindung nicht aus der Welt geschafft, sondern nur erweitert und dadurch vielleicht die Möglichkeit *plötzlich* auftretender Geldkrisen abgeschwächt — *die Problematik freier Ansetzung des Eskomptesatzes aber bleibt bestehen.*

Darum, weil:

1. das Tempo der wirtschaftlichen Entwicklung durch die Höhe des Eskomptesatzes, zu dem Noten ausgegeben werden, beeinflußt wird,

und

2. die Höhe dieses Eskomptesatzes, auch wenn er von allen Notenbanken der Welt einverständlich angesetzt wird, dennoch nicht imstande ist, das *Tempo der wirtschaftlichen Entwicklung* im

[1] Denn die *Annahme einer Parallelität* in der Zunahme der ausgegebenen Banknoten und der erzeugten Gütermenge ist eine *Hypothese*, die für die reale Wirtschaft nicht gemacht werden darf. Der Zinssatz, zu dem Noten ausgegeben werden, *beeinflußt die Menge*, die gefordert wird, und *damit den Geldwert.*

Vgl. *Wicksell*, Geldzins und Güterpreise. *Mises*, Theorie des Geldes und der Umlaufsmittel.

Gleichmaß zu erhalten, d. h. eine Harmonie in der wirtschaftlichen Entwicklung zu gewährleisten,

darum sind Banknoten nie ein geeigneter Wertmesser.

Noten sind ein Kreditpapier; sie entstehen nicht durch Tausch zweier gleich hochgeschätzter Güter, sondern als Anweisung auf vorhandene Güter, aus deren Kombination ein Ertrag erzielt werden soll, der es ermöglichen soll, sie zurückzuzahlen.

Die Höhe dieses Ertrages aber läßt sich nicht voraussagen; denn die Wirtschaft ist nie ganz stationär (welche Annahme von den Banking-Theoretikern unbewußt gemacht wird); sie bringt immer Überraschungen: Erfindungen und plötzliches Versiegen von Rohstoffquellen, Kriege und Mißernten, geniale Kombinationen und soziale Erkenntnisse — all diese Umstände, von denen jederzeit irgendeiner wirksam ist, verursachen Veränderungen im erwarteten Produktionsergebnis. Und darum soll der Bartausch, der Tausch zwischen Gegenwartsleistung und Konsumgut, sollen Leistung und Bezahlung nicht durch Noten vermittelt werden, deren Wert von allen labilen Faktoren des Wirtschaftslebens beeinflußt wird. Darum soll das Geld ein Gut sein, etwas, das seinen Wert aus seinem Nutzen ableitet, etwas, das dem Empfänger Bezahlung gewährleistet. Ob es nun Gold oder Weizen oder Kleiderstoff ist, wäre in diesem Sinne gleichgültig; jeder dieser Stoffe ist ein Gut, das Nützlichkeit und Seltenheit besitzt, also Wert hat, dessen beliebige Vermehrung an dieselben Schwierigkeiten gebunden ist, wie die Vermehrung aller anderen Güter; die Tatsache, daß seine Vermehrung im Einklang mit dem Tempo der ganzen Wirtschaftsentwicklung stehen muß, da doch auf sie ebenso Kosten aufzuwenden sind wie auf die Vermehrung aller anderen Güter, schützt es vor Entwertung. Es kann auch aus technischen Gründen anstatt des Gutes selbst eine Note zirkulieren — sofern diese, wie es ja Ricardo, der orthodoxeste Geldtheoretiker vorschlägt, nur anstatt des Geldgutes selbst, aber niemals auf dem Kreditwege, nämlich gegen Wechsel, Lombard usw., ausgegeben wird. Diese Unterscheidung zwischen Noten, die echte Geldzeichen sind, und Banknoten, wie sie die Banking-Theorie propagiert[1]), liegt ja der strengen Forderung nach Scheidung des Issue- vom Banking-Department zugrunde.

---

[1] Welcher Unterschied in den meisten Diskussionen, die unter den Schlag-

Banknoten, die auf dem Kreditwege ausgegeben werden, sind Versprechen, Anweisungen auf die Zukunft; und darum ist ihr Wert nie genau zu bestimmen; es ist niemals mit Sicherheit zu erkennen, ob Tendenzen zur Hebung ihres Wertes oder zu seiner Senkung vorherrschen werden.

Das Kartell der Zentralnotenbanken kann alle jene, die seine Noten nehmen, nicht davor schützen, daß plötzlich eintretende Veränderungen in der Weltwirtschaft die Kaufkraft jener Noten heben oder senken. Das Individuum, dessen Streben nach Bezahlung für seine Leistung sein wirtschaftliches Handeln bestimmt, ist, wenn es Noten als Bezahlung erhält, vor Veränderungen im Bestande seines Vermögens nicht gesichert; bankmäßig ausgegebene Noten, auch wenn sie von einem Kartell garantiert werden, sind doch kein wirkliches Geld.

Und dies ist der letzte Grund, aus welchem die Schaffung der Doppelnote abgelehnt werden mußte, weil:

1. das parallele Bestehen von zwei Währungen im allgemeinen stets große Kalkulationsschwierigkeiten entstehen läßt,
2. Goldnoten und Staatspapiergeld sich besonders schlecht vertragen müssen, und weil
3. die Goldnote, auch wenn sie aus dem Kampf mit dem Papiergeld als Sieger hervorgeht, nie ein vollwertiger Ersatz für Goldgeld, für wertstabiles Geld, sein kann — da sie ja nur ein Kreditpapier ist und, solange sie nicht unmittelbar an das Gold gebunden wird, notwendigen Wertschwankungen unterworfen ist — darum ist jede Schaffung eines Doppelnotensystems ein verfehlter Schritt zur Herstellung der dem Reichtum der Nationen förderlichsten Wirtschaftsverhältnisse.

Schluß.

Wenn man nun alle Pläne zur Schaffung einer Doppelnote kennenlernte und erfaßt hat, welche Schwächen allen diesen Reformvorschlägen ernster Denker eigen sind, so könnte man leicht zu einem gewissen Nihilismus in Fragen der Geldpolitik gelangen.

---

worten „Metallismus" und „Nominalismus" geführt werden, nicht klar herausgearbeitet wird.

Dieser Nihilismus braucht aber kein absoluter zu sein; schon aus der Erkenntnis der Gefahren einer schlechten Geldpolitik muß man schließen, wie wichtig es ist, gute Geldpolitik zu betreiben. Jeder, der in den letzten Jahren das wirtschaftliche Leben in seiner Entwicklung mit kritischem Auge verfolgte, hat beobachtet, wie ungeheuer weittragend die Folgen einer schlechten Geldpolitik sind; es steht fest, daß nicht allein Krieg und Hunger, sondern vor allem die Notenpresse zur Revolutionierung breiter Schichten, zur „Umwertung aller Werte", deren Symptome jedem Gesellschaftskenner bekannt sind, beitrugen.

Wenn aber nun „Wiederaufbau" und „Stabilisierung" erreicht werden sollen, so muß bedacht werden, daß:

1. in der modernen Geld- und Kreditwirtschaft alle Arten von wirtschaftlichen Beziehungen mit dem Gelde und dem Geldwertproblem derart verflochten sind, daß jeder radikale Eingriff in das Geldwesen, sei es nun eine deflationistische Maßnahme oder die Schaffung einer neuen Note oder die Verkündigung eines allgemeinen Valorisierungsschlüssels usw. usw., die stärksten Erschütterungen des ganzen Wirtschaftskörpers im Gefolge haben muß;

2. andererseits die Wirtschaftsentwicklung durch so viele Komponenten bedingt ist, daß, wenn eine einzige dieser Komponenten verändert wird, damit ein Erstarken des ganzen Wirtschaftskörpers noch nicht gewährleistet erscheint. Der Zustand, in dem die Volkswirtschaften sich seit Kriegsausbruch befanden und noch immer befinden, ist durch die verschiedensten Maßnahmen ungünstig beeinflußt worden und weit entfernt von dem Ideal, das von der liberalistischen Wirtschaftstheorie jederzeit als Voraussetzung für die günstigste wirtschaftliche Entwicklung aller einzelnen und der Gesamtheit der Staaten gefordert wurde. Darum ist z. B. in einer Zeit, in der es allüberall Einfuhrverbote und Hochschutzzölle gibt, mit einer Aufhebung der die Arbeitszeit beschränkenden Gesetze allein noch nichts getan und umgekehrt mit der Aufhebung der Einfuhrverbote nichts gewonnen, solange in verarmten Staaten der Achtstundentag gesetzlich festgesetzt ist; ein Abrücken von der Höchstpreisgesetzgebung allein genügt noch nicht zur Erzielung einer Förderung der Produktion und die Einführung tadellosen Metallgeldes bleibt wirkungslos, solange die Notenpresse nicht stillgelegt ist resp. die Volkswirtschaft mehr konsumiert als produziert.

Die schädlichen Wirkungen all dieser hier nur beispielsweise aufgezählten Bedrückungen, die die Wirtschaftenden in den letzten Jahren fast überall und vor allem in den mitteleuropäischen, in den Weltkrieg verwickelten Staaten erduldeten, hat man in den letzten Jahren klarer als je beurteilen gelernt; und der Wirtschafts- und Geldpolitik der nächsten Jahre sind Aufgaben gesetzt, die so vielfältig und mannigfaltig sind wie vielleicht nie vorher. Denn die Kunst der Wirtschaftspolitik muß nun darin bestehen, die vielfältigen Bedrückungen der Wirtschaft in der Art zu beseitigen, daß allmählich eine Komponente der Wirtschaftsverfassung nach der anderen von dem darauf lastenden Druck befreit werde und jeder Einzelne in seiner Wirtschaftsführung wieder möglichst intensiv und möglichst rational arbeiten kann. Es muß das Ineinandergreifen aller Reformen bedacht und im günstigsten Sinne beeinflußt werden. Jeder Versuch, nur eine einzelne Komponente der Wirtschaftsverfassung neu zu gestalten, muß skeptisch beurteilt werden; insbesondere dann, wenn, wie bei der Propagierung der Doppelnote, sowohl die Probleme der Parallelwährungen als auch die Probleme der bei freier Geldschöpfung nicht mit Sicherheit zu leitenden Banknotenausgabe in ihrer Tragweite nicht erkannt und darum auch nicht gelöst werden.

Wirtschafts- und Geldpolitik aber, die aufs Ganze gerichtet sind, muß man derzeit absolut nicht nihilistisch beurteilen; sie sind notwendiger als je. Die wirtschaftliche Erkenntnis vieler Einzelner und ganzer Volksschichten hat in diesen Jahren mannigfachster Wirtschaftserfahrung gewiß eine Bereicherung erfahren. Und mit Hilfe der neuen Erkenntnisse über das Wesen von Arbeit, Geld, Wirkungen der Wirtschaftsverfassung und anderen Faktoren, die das volkswirtschaftliche Leben gestalten, müssen viele Sünden der Geld- und Wirtschaftspolitik der Kriegs- und Nachkriegszeit gutgemacht werden.

FSC
www.fsc.org
MIX
Papier | Fördert gute Waldnutzung
FSC® C083411

Kolibri 360 GmbH
Ferdinand-Jühlke-Straße 7
99095 Erfurt, Deutschland
produktsicherheit@kolibri360.de

Druck:
CPI Druckdienstleistungen GmbH
im Auftrag der
Kolibri 360 GmbH
Ferdinand-Jühlke-Str. 7
99095 Erfurt